Dominik Bartels und Jörg Schwedler

Vorwärts immer, rückwärts nimmer!

Satirische Geschichten über das Leben im Arbeiter- und Bauernstaat

Blaulicht-Verlag

Bibliografische Information der Deutschen Bibliothek
Die Deutsche Bibliothek verzeichnet diese Publikation in der Deutschen Nationalbibliografie; detaillierte Informationen sind im Internet über http://dnb.ddb.de abrufbar.

Covergestaltung: Patrick Schmitz
Lektorat: Julia Balzer

ISBN: 978-3-941552-50-0

Printed in Germany

www.blaulicht-verlag.com

Danke an alle Besucherinnen und Besucher unserer Shows, an Pott für das Cover, an Julia für das Lektorat und an den Original Pfefferminzlikör aus Nordhausen, dessen Genuss für so manche Anekdote verantwortlich zeichnete.

Inhalt:

11 **Bartels/Schwedler**
Vorwort

13 **Jörg Schwedler**
Drogen in der DDR

17 **Dominik Bartels**
Planwirtschaft

23 **Jörg Schwedler**
Der Schuh und das Stockholm-Syndrom

27 **Dominik Bartels**
Kaulquappe, der Kleine

31 **Jörg Schwedler**
Wir hatten ja nichts!

35 **Dominik Bartels**
Sport Frei!

41 **Dominik Bartels**
Verbotene Früchte

47 **Jörg Schwedler**
Nie zuvor

55 **Dominik Bartels**
Kotzmühle

63 **Jörg Schwedler**
Und morgen fährst Du Mist!

67 **Dominik Bartels**
Lagerhaltung

75 **Aus des Volkes Mitte**
Ferienlagerlied – Heladiladio

79 **Jörg Schwedler**
Die Altmark damals & heute

85 **Dominik Bartels**
Sammelsurium

91 **Dominik Bartels**
Es war ja nicht alles … gut!

97 **Jörg Schwedler**
Simson S 51 – Full Metal Schutzblech

103 **Dominik Bartels**
Wie ich einmal beinahe eine total geile Party geschmissen hätte

111 **Jörg Schwedler**
Ein seltsames Volk

117 **Dominik Bartels**
Mein Vater, Christiano Ronaldo und die Anbauwand

123 **Dominik Bartels**
Des Ossis neue Kleider

129 **Jörg Schwedler**
Gemeinsamkeiten

133 **Bartels/Schwedler**
Der ultimative Ossirap

„Wir müssen alles aus der Produktion rausholen“

Gerhard Knobel, 46, nachdem er mit seinem Trabbi mehr als 80 Meter Kabel aus dem VEB entwendet hat.

Dominik Bartels und Jörg Schwedler

Vorwort

Es gibt ja so Dinge im Leben, von denen man nicht glaubt, dass sie jemals wahr werden. Und dann?

Dann stehen wir plötzlich im vollbesetzten Schmidtchens Tivoli in Hamburg auf der Bühne und spielen als Bühnenkollegen und beste Kumpels eine furiose Show. Das Publikum lacht, klatscht und spendet am Ende langen Beifall.

Das Alles kam uns so völlig irreal vor. Da standen der kleine Junge aus Vorpommern und der halbstarke Knirps aus der Altmark plötzlich in einer Weltstadt auf der Bühne und durften die Menschen mit ihren Geschichten und Anekdoten unterhalten. Vielleicht klingt das abgedroschen und vielleicht auch etwas zu pathetisch, aber es ist die Wahrheit - wir sind wirklich, wirklich dankbar, dass wir das erleben durften. Gerade und vor allem nach den letzten Jahren, die in vielerlei Hinsicht nicht immer ganz einfach waren. Und mit Demut denken wir daran, dass Alles auch ganz anders hätte kommen können. Aber wisst ihr, was das Beste ist? Wir dürfen mit der ultimativen Ossilesung einfach weitertouren. Auch zukünftig werden wir mit ungläubigem Staunen vor Theatern, Kleinkunstbühnen, Jugendclubs oder Kulturzentren stehen. Und wir werden uns auch weiterhin wie kleine Kinder freuen, wenn wir in einer fremden Staat an verwitterten Litfaßsäulen unsere Plakate entdecken. Für uns geht es einzig und allein darum, Spaß mit dem Publikum haben. Okay, und natürlich darum, dass wir mit unserem Schlachtruf "Anbauwand" demnächst in Wacken auf der Bühne stehen werden.

In diesem Sinne vielen, vielen Dank an alle Leute, Freunde und Fans, die immer wieder zu unseren Veranstaltungen kommen und uns das Gefühl geben, dass es nicht ganz so verkehrt ist, was wir da präsentieren. Wir wissen selbst, dass wir nicht die größten Literaten auf Erden sind, wahrscheinlich noch nicht einmal außergewöhnlich gute. Aber das war auch nie unser Ziel. Wenn sich die Leute im besten Sinne gut unterhalten fühlen, wenn sie lachen, träumen und mitfühlen können, dann sind wir zufrieden.

Vielleicht ist das nicht einmal Kunst im engeren Sinne. Nur ist auch das nicht unser Maßstab. Uns berühren ohnehin eher Reaktionen wie die einer Frau in Magdeburg, die nach der Show zu uns kam und meinte: „Ich danke euch. Ich hatte so eine blöde Woche an der Arbeit und privat auch. Heute Abend habe ich zwei Stunden alles vergessen, habe gelacht und mich bestens amüsiert. Das war schön."

Es sind genau diese Momente, die uns sagen, dass es schon ganz richtig ist, was wir da machen.

Viel Vergnügen beim Lesen der Geschichten und vielleicht sehen wir uns demnächst einmal bei einer Show. Wir würden uns freuen.

Drogen in der DDR

Sag mir, welche Drogen die Menschen nehmen und ich sage dir, wie es um die Gesellschaft bestellt ist. Wenn wir diesen Satz auf die Deutsche Demokratische Republik übertragen, dann kann das nur bedeuten, dass der Arbeiter- und Bauernstaat vollkommen am Arsch war.

Im Arbeiter- und Bauernstaat wurde Alkohol getrunken. Also sehr viel Alkohol. Also sehr, sehr, sehr viel Alkohol. In keinem anderen Land der Welt wurde so viel Alkohol getrunken wie in der DDR. Allein bei hochprozentigem Alkohol ist der Verbrauch, pro Kopf, von 4,4 Litern (1955) auf 16,1 Litern (1988) gestiegen. Jeder Ostdeutsche hat sich also jährlich etwa 23 Flaschen harten Alkohol pro Kopf in den Selbigen geknallt. Man hat sich die DDR schön gesoffen

Und ja, „pro Kopf" bedeutet, dass in dieser Statistik auch die Babys, von denen wir ja bekanntlich einige hatten, die Rentner oder beispielsweise auch Koma-Patienten reingerechnet wurden. Und nein, die jährlichen 142 Liter Bier pro Kopf und die 12 Liter Wein und Sekt pro Kopf sind in dieser Statistik noch nicht enthalten. Diese wurden wahrscheinlich eh nur zum Runterspülen genutzt. Ich habe bei der Recherche zu diesem Text gehofft, die hochprozentigen Zahlen aufgrund von Mangelwirtschaft mit einer Fremdnutzung, zum Beispiel als Kohleanzünder oder als spezielles Reinigungsmittel zu erklären, bin aber leider nicht fündig geworden. Seitdem versuche ich, mir die Zahlen schön zu saufen.

Nein! Die 23 Flaschen harten Alkohol pro Kopf lassen sich auch nicht mit dem Einsatz als Nagellack-Entferner erklären. Wobei ich mir sicher bin, dass diese Nutzung bei manchen Spirituosen möglich gewesen wäre. Ich hatte mal das Vergnügen, an einer echten Flasche „Kumpeltod" – einen „Trinkbrantwein für DDR-Bergarbeiter" zu nippen. Es war ein sehr ausgewogenes Getränk und lässt sich, im Rachen, mit einer rostigen Pfeile vergleichen.

Dabei gab es gar nicht so viele exzessive Säufer und auch gemeinschaftliche Rausch-Rituale wurden nur selten zelebriert. Nein, der DDR-Bürger „schnäpselte" einfach nur ganz gerne. In der Arbeitsbrigade, bei Betriebsferien, nach der Schicht, naja gut, vor der Schicht, in der Eckkneipe oder nach der erfolgreichen Ernte von Zuckerrüben, Getreide oder Kartoffeln, die dann wiederum für das Herstellen geschmacklich zweifelhafter aber stets verfügbarer Spirituosen verwendet wurden.

In der DDR gab es eigentlich nur die Kategorien Brauner (für alles was braun war), Klarer (für alles was klar war) und der Rest wurde unter dem Begriff „Likörchen" vereinheitlicht. Es waren Produkte, die vom Volk liebevolle Namen wie „Blauer Würger", „Rachenputzer", der besagte „Kumpeltod" oder „Erichs Rache" erhielten. Wobei der Begriff „Erichs Rache" eigentlich branchenübergreifend für alle Produkte in der DDR genutzt wurde. Außer für kubanische Apfelsinen. Diese hießen „Fidels Rache“, hatten aber mit Genuss- oder Nahrungsmitteln wenig zu tun. Kubanische Apfelsinen hatten eher die Konsistenz von Stroh. Sie waren hervorragend geeignet, zum Beispiel zum Decken eines Reet-Daches oder als Dämm- und Baumaterial. Was ein bisschen witziger wird, wenn man bedenkt, dass diese „Südfrüchte“ mit dem kubanischen Freundesland getauscht wurden und die DDR im Gegenzug 15 Betonfabriken liefern musste. Es kann nicht ausgeschlossen werden, das die kubanischen Apfelsinen dort produziert wurden. Aber das ist eine andere Geschichte. Als nach der Wende Produkte wie „der weiche Chantré“ erhältlich waren, da merkten die Ossi-Kehlen davon beim Trinken erst mal gar nichts.

Naturlich muss man auch in der DDR die Frage nach anderen Drogen stellen. Und natürlich muss man hinterfragen, warum sich die Arbeiter und Bauern „Kumpeltod“ oder „Blauen Würger“ reinziehen mussten, obwohl Afghanistan zu diesem Zeitpunkt von den Russen besetzt war. In der DDR gab es keinen nennenswerten Konsum illegaler Drogen. Es war eine klassische Mangelwirtschaft – durch Grenzkontrollen. Haschisch war quasi nicht zu bekommen, war aber bei Zigarettensorten wie Caro oder Salem Gelb auch gar nicht notwendig. Ab und an kam es aber zum „Missbrauch von Schnüffelstoffen“. Der Fleckenentferner „NUTH“ aus chlorierten Kohlenwasserstoffen fand hierbei seine Anwendung. Ob sich auch Kittifix gelohnt hat, wurde nicht überliefert. Der ein oder andere Genosse wird sich sicherlich auch mit heimischen Pflanzen und Pilzen beschäftigt haben und auch Medikamentenmissbrauch stand nicht nur bei medizinischem Personal hoch im Kurs. Nicht wenige im Osten „oft verschriebene Medikamente“ wurden nach der Wiedervereinigung mit Schnappatmung verboten. Die Hauptdroge war aber der Alkohol. Davon zeugt auch das 1984 von Christian Koch geschriebene „Lied vom blauen Würger“:

„Eine Flasche Blauen Würger,
trinken wir im handumdrehn,
und für jeden ganz normalen Bürger,
kostet der nur vierzehn-zehn,
eine Flasche Blauen Würger,
trinken wir, der macht nicht fett,
im Gegenteil, jeder Bürger, sieht dann aus wie's Etikett.
Die zweite Flasche Blauen Würger,
trinken wir im fußverdrehn,
und jeder ganz normale Bürger, kann dann nicht mehr richtig stehn,
die zweite Flasche Blauer Würger,
die wirkt ganz unverzagt,
man sagt dann solche heißen Sachen,
die man sonst wohl niemals sagt.
Die dritte Flasche Blauen Würger,
trinken wir kaum noch im stehn,
und jeder ganz normale Bürger, kann dann nicht mehr richtig sehn,
die nächsten Flaschen Blauen Würger trinken wir
und denken uns nichts bei,
denn für jeden ganz normalen Bürger, gibt's den Blindenhund dann frei.“

Dominik Bartels

Planwirtschaft

Ich persönlich glaube ja, dass die Olsenbande in der DDR nur deshalb so beliebt war, weil Egon immer einen Plan hatte. Genau wie im Arbeiter- und Bauernstaat hörten sich Egons Pläne stets brillant an, funktionierten aber nie. Vermutlich erkannten wir uns alle in der Olsenbande wieder. Nur dass unser Boss nicht Egon, sondern Erich hieß. Ansonsten sind die Parallelen aber schon verblüffend. Erich steckte stets in einem äußerst geschmacklosen Anzug, der irgendeine Art von Seriosität vorgaukeln sollte und wurde von zwei Trotteln begleitet, die ihm blindlings überall hin folgten. In jeder Folge wurde mit einfachsten, fast schon antiquarischen Werkzeugen hantiert, improvisiert und herumlaboriert. Wie der DDR fehlten der Olsenbande stets Devisen, motivierter Nachwuchs und leckere Nahrungsmittel. Ich hatte immer Mitleid mit diesen hart arbeitenden Ganoven, die einfach nie für ihren unmenschlichen Aufwand belohnt wurden.

Als ich die Olsenbande für mich entdeckte, war ich gerade 14 Jahre alt und die Jugendweihe stand mir und meinen Klassenkameraden unmittelbar bevor. Ich war mitten in der Pubertät und roch unter den Armen wie Egons zerkauter Zigarrenstummel. Mein Anzug saß ähnlich gut wie der bei Benny, meine Frisur glich der von Börge und in meinem Schulranzen fanden sich genauso viele skurrile Gegenstände wie in Kjelds Hebammentasche. Es waren die 80er, Freunde. Eine Dekade voller Peinlichkeiten. Modern Talking, Ballonseideanzüge, Lederschlipse und Privatfernsehen. In den 80ern erlebte ich viele Dinge zum ersten und andere zum letzten Mal. Tanzstunde, Kuchenbasar, Pionierdisko, Klassenfahrt, Spartakiade und Ferienlager. Knutschen, Fummeln, Zungenküsse und das erste Mal, welches glücklicherweise nicht das letzte Mal war, obwohl ich mich so unfassbar dumm und ungeschickt angestellt hatte. Und mittendrin die Jugendweihe. Ein Ereignis, das zunächst einen extrem politischen Charakter hatte, später aber als das interpretiert wurde, was es eigentlich war, ein familiäres, kollektives Besäufnis, bei dem der Jugendliche mit Geld beschenkt wurde, damit er sich endlich einen Kassettenrekorder, ein Moped oder einen hochwertigen Fotoapparat kaufen konnte. Je nachdem, wie zahlreich und spendabel die buckelige Verwandtschaft war. Wer besonderes Glück hatte, durfte sich auch und ganz besonders über Besuch aus dem Westen freuen. Der kapitalistische Familienzweig brachte neben ein wenig Devisen für den Jugendweiheling meist auch Ananas, Pfirsiche und Pilze in Dosen sowie Kaffee mit, um das Festessen etwas aufzupimpen bzw. in einigen Fällen überhaupt erst genießbar zu machen. Als dann versammelte man sich in einer Gaststätte, einer Kleingartenpinte, einem Vereinslokal oder sonstwo und knallte sich die Rübe dicht. Ich selbst erinnere mich ungefähr an diesen Ablauf meiner Jugendweihe:

08:00 Uhr – Anprobe der Festtagskleidung. Erkenntnis, dass ich entweder spontan über Nacht gewachsen bin oder das Jackett definitiv zu kurz gekauft worden ist. Vater beruhigt mich mit dem Hinweis, dass die Hose dafür viel zu lang sei. Das gleiche sich also wieder aus. Der Lederschlips sieht verdammt gut aus, passt aber farblich gar nicht zum Rest. Finde ich. Die anderen zucken nur mit den Schultern.

10:00 Uhr – Der Festakt beginnt. Zunächst eine Rede des Direktors, dann spricht der Bezirkschef der FDJ, gefolgt vom 1. Sekretär der Kreisleitung und schließlich dem Vorsitzenden des Rates der Stadt. Inhaltlich lassen sich die Beiträge wie folgt zusammenfassen: Frieden, Solidarität, Sozialismus, Verantwortung, DDR, Heimat, Sozialismus, Aufbau, Ausbau, Neubau, Plattenbau, Sozialismus, Kollektiv, Brigade, Genossenschaft, Truppe, Sozialismus, Zukunft, Plan, Pflicht, Gewissen, Sozialismus, Hurra, Hurra, Hurra. Zum Ende bekommt jeder noch eine welke Nelke vom Jungpionier und das Buch „vom Sinn unseres Lebens" aus den Händen des Klassenlehrers.

12:00 Uhr – Fotoshooting vor dem Jugendclubhaus oder traurig und verzweifelt dreinblickende Dauerwellen und Vokuhilas lächeln gequält in klickende Analogkameras. Die sozialistische Leistungsschau selbstgenähter Anzüge, Kleider, Hemden und Blusen ist ein weiterer, vor allem sichtbarer Beweis dafür, dass modischer Geschmack in der DDR nur rudimentär vorhanden war.

14:00 Uhr – Ich musste die 50 D-Mark aus dem Umschlag der Westverwandtschaft meinem Vater aushändigen, damit ich keinen Blödsinn mit der Kohle anstelle.

Mir und meinem Vater ist klar - das Geld werde ich nie wiederbekommen.

15:00 Uhr – Ich entdecke die Schokobecher für den selbstgemachten Eierlikör. Lecker.

15:30 Uhr – Mit Eierlikör schmecken die Schokobecher auch nicht schlecht.

16:00 Uhr - Die Schokobecher sind alle.

16:10 Uhr – West-Onkel Werner holt fünf Flaschen Verpoorten aus dem Intershop.

16:20 Uhr – Die Schokobecher werden durch Kaffeetassen ersetzt.

17:00 Uhr – West-Tante Erika singt mit Opa Gustav die Internationale.

17:30 Uhr – Jemand hat Gottlieb Wendehals aufgelegt. Die gesamte Jugendweihegesellschaft macht eine Polonaise durch den Hausflur des Plattenbaus.

17:35 Uhr – Parteisekretär Kalbitz stellt sich mit hochrotem Kopf dem Eierlikörzug in den Weg.

17:47 Uhr – Parteisekretär Kalbitz führt die Gruppe textsicher an.

18:15 Uhr – Die Bewohner der Hauseingänge 17 bis 20 haben sich im Innenhof meiner Jugendweihefeier angeschlossen.

19:03 Uhr – Kurzes Zwischenfazit: Es gibt wirklich unfassbar viele verschiedene Sorten Eierlikör.

19:05 Uhr - Parteisekretär Kalbitz trägt beige Feinrippunterhosen.

19:23 Uhr – Opa Gustav pinkelt ein „Herzliches Glückwunsch" in den Sandkasten.

19:48 Uhr – Die Polonaise hat mittlerweile die Stadtgrenze von Bad Langensalza erreicht.

20:58 Uhr – Der Eierlikör ist alle. Meine letzte gesicherte Erinnerung ist, dass die gesamte Gesellschaft auf Kreuz des Südens umgestiegen ist.

16:23 Uhr am nächsten Morgen – Meine Klamotten stinken nach Eierlikör und Karo Zigaretten. Ich höre, wie sich Opa Gustav, meine Mutter und Parteisekretär Kalbitz im Wohnzimmer lautstark Honecker-Witze erzählen. Neben mir, in angetrocknetem Erbrochenen liegt „Vom Sinn unseres Lebens". Vor mir liegt die Erkenntnis, dass ich im Sozialismus und dem Erwachsensein noch nicht so recht angekommen bin.

Jörg Schwedler

Der Schuh und das Stockholm-Syndrom

Durch den Flur, an den Umkleideräumen vorbei gelangte man in den Speisesaal der Maxim-Gorki-Oberschule in Sanne. Der Saal wurde für die Essensausgabe an die etwa 200 Schüler genutzt und war gleichzeitig unsere Sporthalle. Ende der 80er, wenige Tage vor den Sommerferien, gab es ein ungewollte Überschneidung dieser beiden Tätigkeitsgebiete. Die Speisen gelangten aus den einzelnen Kübeln, die sortiert nach Kartoffeln, Gemüse, Soße und Fleisch in der Kantine standen, auf die Teller der Schüler. Es waren bereits die meisten Essen durch die Luke gereicht, als es zu einem grausigen Fund kam. Das Küchenpersonal war in Aufregung. Jeder Schüler erkannte sofort, dass da was am Laufen war, dass die Wut der Lehrer viel stärker war als nach den obligatorischen Attentaten auf den Staatsratsvorsitzenden Erich Honecker, dessen Bild den ansonsten schnöden Saal verzierte und dessen Antlitz so oft Zielscheibe für Kartoffelbrei-Geschosse wurde. Einige Schüler beherrschten das Löffel-Katapult in beeindruckender Präzision.

Irgendwann sickerten erste Informationen durch. Auf dem Grund des Soßen-Kübels der Maxim-Gork- Oberschule in Sanne fand man einen Turnschuh. Tauchend. Um eine Massenpanik zu verhindern, wurden die Schüler im ersten Moment darüber nicht in Kenntnis gesetzt. Die Suche nach dem Schuldigen begann aber umgehend. Der Verdacht fiel sofort auf die 7. Klasse, die sich bereits für den Sportunterricht fertig machte und nun in den Umkleidekabinen festgesetzt wurde. Das Beweisstück tropfte noch, wurde aber bereits genutzt für eine Mischung aus Stasi-Verhör und, ja doch, irgendwie war es wie eine Szene aus dem Märchenklassiker Aschenbrödel. Nur die Romantik fehlte.

Letztendlich stellte sich heraus, dass es mein Turnschuh war, der vom Boden des Kübels gehoben wurde. Der erste Gedanke in meinem knallrot anlaufenden Kopf galt nicht dem Schuh oder der sozialistischen Mangelwirtschaft. Es war auch nicht die Wut auf den wahren Schuldigen. Nein. Mein erster Gedanke war: „Dann brauch ich wohl nicht am Sportunterricht teilzunehmen!“

Sport war nicht mein Ding. Ich habe Sport gehasst. Kletterstangen, Klimmzüge, Barren. Das waren für mich Foltergeräte. Mein zweiter Gedanke galt immer noch nicht dem Schuh oder der sozialistischen Mangelwirtschaft – sondern den Schulkameraden. Die Nachricht, wem der Schuh gehörte, verbreitete sich schneller wie Kopfläuse bei einem Death Metal Konzert. Mir schlug eine Mischung aus Mitleid und Hass entgegen. Für die Schüler war es eine ganz einfache Rechnung:

„Je dicker der Typ mit dem Turnschuh, desto größer die Menge an Fußschweiß.“

Ich weiß nicht genau, welche Methoden durch das Lehrer-Kollektiv angewendet wurden. Wahrscheinlich Sippenhaft mit anschließenden Einzelgesprächen. Jedenfalls wurde der Attentäter erwischt und beim letzten Fahnenappell verbal hingerichtet.

Aber es gab Menschen, an denen perlten solche Hinrichtungen einfach ab. Zumindest machte es bei diesem Zehntklässler den Eindruck. Er war kein Kind von Traurigkeit. Er war ein Lumpenstrumpf. Ein Strolch. Ein Schläger. Und neben allerlei Bestrafung und Tadel wurde ihm aufgetragen, sich bei mir persönlich zu entschuldigen. Bei mir! Zu Hause! Ich schluckte. Die Lehrerschaft schickte einen bekannten Schläger zu mir nach Hause. In den Ferien! Was sollte das denn? Obwohl mein Name nicht gefallen war, schaute mich nun die gesamte Schule an. Trotz Fußschweiß war da nur noch Mitleid.

Dass er irgendwann in den Ferien die 14 Kilometer mit dem Fahrrad anreisen musste, würde seine Laune sicher nicht verbessern. Und das schlimmste: Ich war ihm hilflos ausgeliefert! Das war zu DDR-Zeiten! Wir hatten Vollbeschäftigung. Meine Eltern arbeiteten in der LPG. Ich wäre ganz allein mit diesem … mit diesem … mit ... mit ... eigentlich hatte ich gar nichts gegen den Typen. Er wusste ja nicht mal, dass es mein Turnschuh war, den er da im Soßenkübel versenkte. Ich wollte seine Entschuldigung überhaupt nicht! Es war doch ein toller Streich! Eine super Geschichte! Wahrscheinlich würde man noch 30 Jahre später darüber lachen, reden und vielleicht sogar Kurzgeschichten darüber schreiben und diese auf Ossi-Lesungen in ganz Deutschland vortragen. Das mussten die Lehrer doch erkennen! Diese

Geschichte war so grandios, sie würde den Sturz politischer Systeme und das Ende von Währungen überleben. Das war der Stoff für Bestseller. Das mussten die Lehrer doch erkennen.

DAS WAR DOCH KUNST. GENAU! KUNST WAR DAS! Eine Installation. Turnschuh an Bratensoße. Textile Dekonstruktion. Der Schul-Schläger war seiner Zeit weit voraus. Er schuf ein raumgreifendes, ortsgebundenes, situationsbezogenes, dreidimensionales Kunstwerk. Sein Werk zeigte das Banale und gleichzeitig den weißen unschuldigen Fremdkörper, der stets Gefahr lief, im braunen Sumpf zu versinken. Es zeigte die Metamorphose von makelloser Jungfräulichkeit hin zum Hass und der ihm innewohnenden Hässlichkeit. Es war klassisch, zeitlos, unvergänglich!

Wer war ich, für unser naives Missverstehen eine Entschuldigung von ihm zu verlangen? NEIN! ICH WÜRDE DIE TÜR NICHT ÖFFNEN. IM GEGENTEIL! Ich persönlich würde Sorge dafür tragen, dass sein Werk, seine Geschichte und mein Schuh die Jahrtausendwende überwinden und nicht in Vergessenheit geraten würden. Und so wurde ich zum Autor.

Dominik Bartels

Kaulquappe, der Kleine

Die Freizeitgestaltung in den Ferienlagern der Pioniere und FDJler war eher rustikaler Natur. Es gab ausgedehnte Ausflüge in den nahegelegenen Wald, Turniere in allen möglichen und unmöglichen Sportarten, Nachtwanderungen und nicht zu vergessen das legendäre Neptunfest. Der Höhepunkt eines jeden Ferienlagerbewohners. Neptun war einer der Betreuer, den man vollkommen grün anmalte, einen Dreizack in die Hand gab und so etwas Ähnliches wie eine BurgerKing-Krone auf den Kopf setzte. Ihm zur Seite standen die sogenannten Häscher, zumeist waren das die schnellsten, größten und kräftigsten Jungen aus dem Ferienlager. Sie schmückten sich mit albernen Röcken aus Krepp-Papier und wilder mit Wasserfarben aufgebrachter Körperbemalung. Wir hatten ja nüscht. Alle Kinder versammelten sich am See oder einem anderen Gewässer, um die Ankunft Neptuns und seiner Gehilfen beizuwohnen. Ein in meiner Erinnerung großartiger Schabernack nahm sodann seinen Lauf. Neptun faselte etwas von alles verschlingenden Meerestiefen und Unwürdigen unter uns, die ihm noch nicht den nötigen Respekt gezollt hätten. Er glotze drei bis acht Mal etwas übertrieben aggressiv in die Menge und verkündete sodann einen Namen, den er mehr schlecht als recht in einem sich reimenden Vierzeiler unterbrachte.

Das arme Geschöpf, dessen Name gefallen war, rappelte sich nun aus der passiven Beobachterrolle hoch und versuchte, den Häschern zu entfliehen, wobei er aus Hinterhältigkeit von den neben ihm sitzenden Freunden festgehalten oder wenigstens behindert wurde. Das war ungefähr so, als würde Bayern München mit voller Truppe gegen Fortschritt Bischofswerda spielen, denen man zusätzlich die Beine abgehackt hatte. Und die Augen verbunden. Und die nur zu sechst spielen durften. Und … na, ich denke, Sie haben die Ausgangslage verstanden. Praktisch und theoretisch war der Täufling chancenlos.

Hinzu kam der für den Fliehenden sehr ungünstige Umstand, dass die Lakaien Neptuns mit einem großen Netz arbeiteten. Das warfen sie dem Davonsprintenden irgendwann zwischen die Beine oder über den Kopf und brachten ihn damit eher unsanft zu Fall. Manche hatten Glück und befanden sich gerade auf dem angrenzenden winzigen Rasenstück. Andere dagegen ereilte das Netz und der folgende Sturz auf Gehwegplatten oder Asphaltflächen. Aber was soll´s – Narben sind die Einträge in unser persönliches Geschichtsbuch! Anschließend wurde das offiziell nun Täufling benannte Kind im Netz zum großen Neptun gebracht, der mittels einer riesigen Schriftrolle verkündete, warum er sich gerade diesen Burschen oder jenes Mädchen ausgesucht hatte.

Erst dann folgte der wirklich ekelhafte Teil des Schauspiels. Mit großer Sorgfalt und Akribie wurde der Spezial-Trunk angerührt, eine Brühe aus allen zur Verfügung stehenden Flüssigkeiten sowie einigen Essensresten vom Vortag. Schmeckte genauso wie es sich anhört. Zwei bis drei Kellen wurden dem armen Menschenkind zwangsweise oral eingeflößt. Dazu beschmierte man sie oder ihn mit einer widerlichen Pampe aus püriertem Mittagessen. Erst danach griffen sich die Häscher je einen Körperteil und beförderten den Täufling mittels wilder Ausholbewegungen ins Wasser oder zumindest in die Nähe des volkseigenen H2Os. Abschließend begrüßte Neptun das arme Menschenkind offiziell in seinem Reich und das Spiel begann von vorn. Nur dass diesmal alle etwas angespannter und aufmerksamer waren. Wirklich alle!

Bis, ja, bis auf mich. Ich beobachtete fasziniert die vor mir sitzende Katrin. Bei jeder Bewegung des Kopfes pendelte ihr langer Zopf auf dem nackten Rücken hin und her. Es sah ganz entzückend aus. So entzückend und auch ein wenig meditativ, dass ich folgende Sätze nicht wirklich mitbekam: „In eurer Mitte sitzt ein Kleiner, der oft den Mund vollnimmt. Gemeint ist Dominik, sonst keiner, sein Taufname ist ein feiner, er heißt jetzt: Kaulquappe, der Kleine."

Als um mich herum alle aufschrien und sich ruckartig von mir entfernten bzw. meine Beine festhielten, sah auch ich die hämisch grinsenden Visagen der pubertierenden Nachwuchsgenossen auf mich zukommen. Ich wollte noch rufen: „Die, es muss DIE Kaulquappe heißen!" Aber da hatten sich auch schon zwei der jugendlichen Lagerfunktionäre auf mich geschmissen. Ich weiß noch, dass ich mich unwillkürlich fragte, wie um Gottes Willen man bei der sozialistischen Mangelernährung so fett werden konnte. Einige Sekunden später stand ich vor Betreuer Matze alias großer Neptun. Sie beschmierten mich mit Essenrestepampe und versuchten mir die Ekel-Brühe einzuflößen, was nur mäßig gelang. Denn, und das ist keine Lüge aus dem schwarzen Kanal mit Karl-Eduard Schnitzler, in diesem Moment erfand ICH das Headbangen. Ja Leute, genauso war es! Seit diesem Neptunfest werden rund um die Welt mit irrem Blick die Köpfe geschleudert, wenn es richtig hardrockmäßig zur Sache geht. Also wie zur Taufe beim Neptunfest eben.

Aber wie das immer so im Leben ist: Undank ist der Welten Lohn. Und deshalb erntete ich nicht etwa Applaus oder wenigstens ein paar sehnsuchtsvolle Blicke der Mädchen aus der mittleren Gruppe (12 bis 14 Jahre) für meine zukunftsweisende, revolutionäre Performance, sondern wurde von den Knechten des Regimes, also von Neptuns Gehilfen, unsanft ins Schilf geworfen.

Da stand ich nun, beschmiert, verletzt, gedemütigt und mit einem grammatikalisch falschen Tauf-Namen. In diesem Moment beschloss ich, und das ist die Wahrheit nichts als die Wahrheit, David Hasselhoff einen Brief zu schreiben, dass er doch bitte, bitte die Mauer wegsingen soll. Und wie diese Geschichte endete, nun … das wisst ihr selbst am besten.

Jörg Schwedler

Wir hatten ja nichts

Die meistverbreitete Kunst in der Deutschen Demokratischen Republik war die Kunst der Improvisation. Wir hatten ja nichts! Aber damit konnten wir ziemlich gut umgehen. Es gab privilegierte Gebiete in Ostdeutschland, die neben DDR1 und DDR2 auch in der Lage waren, Westfernsehen zu empfangen. Den Rest der Republik nannte man übrigens das Tal der Ahnungslosen. Aber auch in den privilegierten Gebieten musste man improvisieren. Man musste zum Beispiel die Fernsehantennen so geschickt ausrichten, dass der zuständige STASI-Mitarbeiter nichts davon mitbekam, man aber trotzdem ARD und ZDF empfangen konnte.

Richtig spannend wurde es später, als das Privatfernsehen eingeführt wurde. Um nach der Schule meine tägliche Dosis „A-Team“ oder „Ein Duke kommt selten allein“ zu bekommen, musste ich auf den Dachboden klettern, das Kabel von der normalen Antenne abziehen, dieses dann in die Radioantenne stecken und diese dann unter dem Dach heimlich Richtung Berlin ausrichten. Dazu saß mein Bruder zwei Stockwerke tiefer vor dem Fernseher und schrie den Bildzustand nach oben. Im Nachhinein hätten wir uns das Verstecken der Antenne wohl sparen können, da wirklich jeder im Dorf diese Schreie gehört haben muss.

Auch der Bildzustand war niemals perfekt. Ich glaubte bis etwa 1990, dass der schwarze VAN des A-Teams ein gestreiftes Auto war. Auch meine Vorstellung des nackten, weiblichen Körpers war lange Zeit etwas verschwommen durch die Querstreifen in filmischen Kunstwerken wie „Schulmädchenreport“, „Beim Jodeln juckt die Lederhose“ oder „Das Wandern ist des Herrn Müllers Lust“. Andererseits verhinderte die STASI auf diese Weise erfolgreich, dass ich Sascha Hehn nackt sehen musste. Mein Frauenbild klarte dann aber durch den Erwerb des April-1990-Playboys für 27 Ostmark auf. Ich kann mich heute noch an die Frau am Strand, an die Finnin und an die nackte Stuntfrau erinnern. An die redaktionellen Artikel hingegen habe ich absolut keine Erinnerung. Trotzdem, und auch wenn es die Internet- und YouPorn-Generation heutzutage etwas verwundern wird, ist diese Zeitung das am meisten gelesene Schriftstück meines Lebens. Auch künftig wird diese Zahl nicht mehr erreicht werden. Da bin ich mir absolut sicher.

Der April-1990 war allerdings dicht gefolgt vom Superman Superband # 12 - Superman und ROTER BLITZ aus dem Jahr 1979. Der war allerdings nur geborgt. Ein Superman-Comic zu DDR-Zeiten war ein absoluter Jackpot. So ein Comic oder auch eine Ausgabe der BRAVO (mit Poster) waren ein Garant für viele Freunde und konnten, gerade auf dem Dorf, die gesellschaftliche Stellung enorm steigern.

Ich selbst wurde vor der Wende Zeuge, wie im altmärkischen Dorf Sanne an der Bushaltestelle der Maxim-Gorki-Oberschule Bravoposter verkauft wurden. Hier erreichte zum Beispiel ein vierseitiges Poster einen Preis von 85 Ostmark. Als ich das Poster sah, war ich so geflasht, dass ich mir fest vornahm, mit allem, was ich hatte, darauf zu bieten. Bei 2,73 Mark musste ich leider aussteigen. Schallplatten, Bravoposter, Matchbox konnten an dieser Bushaltestelle wahrlich für Aufregung sorgen. Dagegen war der analoge Aktienhandel an der Wallstreet eher wie eine Mutter-Kind-Kur in Uelzen.

Und wenn wir gerade dabei sind, müssen wir natürlich auch über die viel zitierten Bananen-Einkaufsschlangen in der DDR reden. Was haben wir darüber gelacht. Allerdings waren die Bananen-Schlangen im Vergleich zur Eröffnung eines Primarks in der heutigen Zeit eher wie eine Mutter-Kind-Kur in Uelzen. Nachdem Mutter und Kind gemeinsam einen Johanniskraut-Baldrian-Benzo-Cannabis-Cocktail hatten. Aber ich schweife ab.

Abgesehen von den Privatsendern lief Westfernsehen wie ARD und ZDF in meinem Elternhaus perfekt. Darum bin ich dual, also mit Tagesschau und Aktueller Kamera groß geworden, und konnte mich somit systemübergreifend informieren. Noch heute denke ich manchmal an die Propaganda-Meisterleistungen auf beiden Seiten. Spannend finde ich nach wie vor die unterschiedliche Bewertung des Begriffs „Hausfrau“ - während im Westen die Frauen gemeint waren, die aus irgendwelchen Gründen nicht arbeiten mussten, war im Osten jedem klar, dass es sich dabei um bedauernswerte und arbeitslose Opfer des Kapitalismus handelte. Durch die Tagesschau bin ich dann erstmals mit Greenpeace in Kontakt gekommen. Und ich war sofort

Fan! Menschen, die sich für die Umwelt an Brücken ketteten oder mit Schlauchbooten Wale schützten.

Das war genau das, was ich machen wollte. Dummerweise hatten wir ja nichts im Osten. Erst recht keine Umweltorganisationen. Bei genauerer Betrachtung hatten wir nicht mal mehr Umwelt. Aber das war mir egal. Und zu diesem Zeitpunkt auch nicht bewusst. Also gründete ich mit sofortiger Wirkung und höchstwahrscheinlich die erste nichtstaatliche Umweltorganisation der DDR. Ruckzuck hatte ich eine Schar getreuer Kinder zusammen. Es war kurz vor der Wende und wir nannten uns DKG (Die kleinen Grünen). Ähnlich wie die IRA in Irland hatten wir einen politischen und einen militanten Teil. Der politische Teil säuberte Wälder und Teiche, der militante Teil protestierte zum Beispiel gegen die Verwendung von giftigen Lacken und schrieb dazu Slogans an Häuserwände. Mit Lack. Wir hatten ja nichts.

Für einen Eintrag in die Stasi-Akte hat das aber nicht mehr gereicht.

Dominik Bartels

Sport Frei!

Man hatte in der DDR wenig Möglichkeiten, sich von der grau uniformierten Masse der restlichen Republikbewohner abzuheben. Wer regelmäßig mit Südfrüchten, einigermaßen gutsitzender Kleidung und einer Neubauwohnung versorgt werden wollte, musste dem Staat seine Seele sowie sein Erstgeborenes opfern oder aber eine echte Sportskanone sein. Um die zukünftigen Kaderathleten von den lebenslangen Bewegungslegasthenikern zu trennen, wurde schon in den ersten Jahren des Sportunterrichts an den Polytechnischen Oberschulen gesiebt, aussortiert, eliminiert, ausgewählt, getrennt und handverlesen was das Zeug hielt. Immer mit dem Ziel, die kleine, schnuckelige DDR zur weltweiten Nummer 1 unter den Sportnationen zu machen.

Damit diese Vision des Politbüros Wirklichkeit werden konnte, quälten sich hunderttausende Kinder, Jugendliche und Erwachsene in allen möglichen und unmöglichen Sportarten. So verfügte unsere sozialistische Heimat beispielsweise über die kleinste Sportliga der Welt. In der Eishockey-Oberliga spielten nur zwei Vereine. Weißwasser und Berlin. In einer Saison wurden 36 Partien ausgetragen. Auf dem glatt polierten Eis standen sich immer Weißwasser und Berlin gegenüber. Um diesem Schwachsinn die Krone aufzusetzen, spielten die beiden Vereine neben der Meisterschaft auch noch den Pokal untereinander aus. Wer als Journalist oder Sportkommentator irgendeinen Mist gebaut hatte, wurde nach Weißwasser versetzt und musste fortan voller Enthusiasmus und Spannung über die Eishockeyschlachten in der Lausitz berichten.

Neben den Spitzensportlern unseres Landes hatten wir sportbegeisterten Kinder aber noch ein anderes Idol. Addi, legendärer Moderator der äußerst beliebten Sendung „Mach mit, Machs nach, Machs besser!“, die am Sonntagmorgen unzählige Pioniere vor die Mattscheibe lockte. Addi trug stets einen perfekt geschnittenen, aber modisch fragwürdigen Trainingsanzug und hielt ein Mikrofon in der Größe einer 5-Kilo-Hantel in den Händen. Mit seiner Prinz Eisenherz-Frisur und den ewig gleichen Polit-Parolen verlieh er den eigentlich spannenden Wettbewerben stets den Charme einer nordkoreanischen Parteikonferenz.

Auch meine POS, die Karl-Marx-Oberschule in Bad Langensalza durfte einmal an dieser Fernsehsendung teilnehmen. Monatelang wurden wir auf diesen einen Tag vorbereitet. Der Schulsport in der DDR war schon unter normalen Bedingungen eine Art Boot-Camp mit Drill Instructor und Foltergeräten à la Sprossenwand, Barren, Reck oder Schwebebalken. Doch die Nachricht, dass wir zu Addi in die Sendung dürfen, ließ unsere Sportstunden eine weitere Metamorphose durchleben und so glichen sie letztlich einem chilenischen Frauenknast. Vor Beginn der Doppelstunde Sport zwängten wir uns in die einheitliche Sportkleidung aus kurzer blauer Hose und weißem Feinripphemd. Alles 100% atmungsinaktiv. Wer anfing zu schwitzen, brachte sofort drei Kilo mehr auf die Waage. Orthopädisch absolut inakzeptable Stoffbumser, die sogenannten Essensgeldturnschuhe, rundeten unser Körperertüchtigungsoutfit ab. Wer seine Sportklamotten zu Hause vergessen hatte, musste in Unterwäsche und barfuß mitmachen, auch draußen bei 5 Grad und Nieselregen. Turnbeutelvergesser waren bei uns sehr rar gesät.

Nach dem Umziehen stellten wir uns der Größe nach geordnet in einer Reihe auf und begrüßten mit gespielter Höflichkeit und unterdrücktem Hass unseren Sportlehrer Michalke. Michalke war etwa 1,65 Meter groß, ehemaliger Weltklasseturner, drahtig und ein formvollendetes Arschloch. So stellte er sich mit einer Nadel bewaffnet unter die Kletterstange und piekste den Kindern in die Beine, die es wagten, wieder herunterzurutschen. Er liebte das Geräteturnen und Sprünge über Bock, Pauschenpferd und Kasten. Noch viel mehr liebte er es aber, den Mädchen bei diesen Übungen Hilfestellung zu geben. Beherzt griff er nach Armen, Beinen, Ärschen und Brüsten. Nur zur Unfallverhütung, versteht sich. Michalke war eine resolute und strenge Respektsperson bis… ja, bis zu diesem verhängnisvollen Tage, als er den Mädchen zeigte, wie man mittels eines Unterschwungs den Stufenbarren verlässt.

Die Übung an sich war für den ehemaligen Reck-Europameister natürlich keine Schwierigkeit. Das Problem bestand darin, dass er während des Abgangs vom Gerät sehr laut und sehr kräftig furzte. Die ganze Klasse johlte und grölte. Michalke stapfte mit hochrotem Kopf in die Kabinen und wir kugelten uns vor Lachen noch minutenlang auf den stinkenden Turnmatten.

Dieser Michalke war es aber auch, der unserer Schule einen wahren Medaillenregen bei der jährlichen Kreisspartakiade bescherte. Er hatte nicht nur ein gutes Gespür, was talentierte Sportler angeht, sondern auch einen Blick für erfolgversprechende Disziplinen. Dabei galt das Motto: Kennt keiner, kann keiner, das machen wir. Und so nahm unsere Schule äußerst erfolgreich beim Stabhochsprung, 10-Kilometer Gehen und Skilanglauf teil. Wir dominierten den Stabhochsprung in allen Altersklassen, weil keine andere Schule überhaupt Stäbe besaß. Den Wettbewerb im Gehen entschieden wir deshalb auf breiter Front für uns, weil unsere Konkurrenten diese Disziplin nicht einmal kannten. Ich selbst gewann damals beinahe den Skilanglauf für meine Schule. Am Start war ich der Einzige mit Skiern. Man schickte mich auf die Strecke und ich lief äußerst gemütlich durch den Thüringer Wald. Machte mal hier einen Stopp und mal dort einen Halt. Am Ende brauchte ich für die 4 Kilometer lange Strecke ganze 6 Stunden. Als ich ankam, stand der frierende und düster dreinblickende Michalke unter einer Tanne. Ich winkte fröhlich und siegesgewiss. Erst dann sah ich, dass sie das offizielle Ziel bereits abgebaut hatten. Michalke riss mir förmlich die Skier von den Füßen und fluchte den ganzen Weg bis zum Bus. Ich glaube, er nahm es mir persönlich ein wenig übel, dass man mich wegen unsportlichen Verhaltens disqualifiziert hatte.

Zwei Wochen später wusste ich, dass er mir das sogar sehr übelgenommen hatte. Wir spielten an jenem Tag die letzte Viertelstunde Völkerball. Michalke wirkte auch mit, allerdings im anderem Team. Als nur noch wir beide als Kapitäne unserer Mannschaften im Feld standen, bestimmte er, dass die Entscheidung nun per Medizinball erfolgen würde. Noch im selben Augenblick schnappte er sich eine dieser muffigen, betonharten Lederkugeln, holte mit aller Kraft aus und donnerte mir das Ding ohne Gnade aus drei Metern voll in die Fresse.

Ich hörte und spürte deutlich, wie einige meiner Vorderzähne aus ihrer Verankerung gerissen wurden und dann wurde es einfach dunkel. Als ich erwachte, konnte ich meine Augen nicht öffnen. Um mich herum hörte ich die Stimmen meiner Mitschüler. Mir war irgendwie schlecht und es fühlte sich an, als hätte sich der Medizinball in meinem Gesicht festgesaugt. Unter mir spürte ich den Parkettboden unserer Turnhalle. Noch etwas benommen richtete ich mich auf. Augenblicklich verstummten alle Gespräche. Ich räusperte mich ein wenig und sagte: „Ähm, hier stinkt es ziemlich nach Furz. Michalke, sind Sie das?“

Dominik Bartels

Verbotene Früchte

„Pfirsiche! Das sind echte Pfirsiche. Hier, ne ganze Palette voll."

Sven sprang völlig aufgedreht zwischen den Pappkartons im Lager der Kaufhalle hin und her. Er erinnerte mich dabei an den einzigen Affen in unserem beschaulichen Kleinstadt-Tierpark, einen völlig gestörten Pavian, der in regelmäßigen Abständen durchdrehte und sein Käfiginventar zerlegte.

„Ich habe es Dir gesagt! Stimmt doch, oder? Ich habe es Dir immer gesagt! Hier hinten liefern sie die heiße Ware an und dann verschwindet sie in den Beuteln der Verkäuferinnen."

Es war der Sommer des Jahres 1987 und mein bester Freund Sven hatte mich überredet, in den Ferien zwei Wochen in der Kaufhalle zu arbeiten. Er hatte zuvor Wochen damit verbracht, sich in der Nähe der Laderampe zu verstecken, um den Anlieferverkehr zu beobachten. Ziemlich schnell kam er dahinter, dass dem An- auch ein Auslieferverkehr zugeordnet werden musste. An manchen Tagen herrschte am rückseitigen Wareneingang mehr Betrieb als im Laden selbst. Und auch das Warenangebot war dort hinten um einiges vielfältiger und attraktiver. Zwar wurde nicht sofort klar, weshalb man Zementsäcke, Fenster und Ziegelsteine zum Kaufhallenlager brachte, aber dieses Mysterium klärte sich im Verlaufe unseres Ferienjobs auch noch auf.

„Und was machen wir jetzt? Wir müssen dem Alten Bescheid sagen. Wo ist der eigentlich schon wieder?"
Ich stand unschlüssig in der Lagerhalle herum, während Sven noch immer einen Fruchtbarkeitstanz um den gestapelten Pfirsichturm veranstaltete.
„Der Alte ist auf der Baustelle. Heute Morgen kam eine Ladung Zement, jetzt können sie endlich die Zwischendecke fertig machen."
Der Alte, das war der Lagerchef der Kaufhalle. Seit drei Jahren baute er an einem Reihenhaus in Stadtrandlage. Die Arbeiten verzögerten sich immer wieder, weil das Baumaterial an allen Ecken und Enden fehlte. Und so nutzte er seine Stellung als oberster Waren-Entgegennehmer, um den einen oder anderen Artikel auf die Seite zu legen und gegen dringend notwendige Rohstoffe für den Hausbau einzutauschen.
„Wir sind ganz allein, mein Freund. Wir und diese fruchtigen, wunderbar duftenden Pfirsiche."
Mein fülliger Freund setzte ein diabolisches Grinsen auf, nahm sich einen Pfirsich und ließ ihn direkt vor meiner Nase kreisen. Der Duft kitzelte alle meine Sinne. Wenn er nur halb so gut schmeckte wie er roch, dann war er jedes Verbrechen wert. Sven hatte wohl den gleichen Gedanken und lächelte mich vielsagend an.
„Okay, wir brauchen ein wirklich gutes Versteck", sagte ich.
Wir waren jung und auch etwas dumm. Das sei an dieser Stelle erwähnt und wird später noch deutlicher. Nach ein paar Augenblicken mehr oder weniger intensiven Nachdenkens, gut, es waren eher weniger Augenblicke … hatten wir eine Idee und ein Versteck. In der

hintersten Ecke des Lagerraums, dort, wo die großen Kartons gestapelt wurden, schafften wir uns eine Lücke, indem wir den riesigen Berg aus Pappe einfach einen guten Meter nach vorne zogen. Den Hohlraum dahinter ernannten wir offiziell zum Land, wo Pfirsich und Cola fließen. Zwar nur Vita-Cola, aber man konnte schließlich nicht alles haben. In der DDR schon mal gar nicht. Wir schnappten uns die oberste Kiste Pfirsiche und verstauten sie gerade noch rechtzeitig im neuen Staatsgebiet, als auch der Alte schon von der Baustelle zurückkehrte. Er schaute erst uns, dann den Stapel Pfirsiche an. Schließlich kratzte er an sich am Vollbart und ging mit ausladenden Schritten in Richtung der Aufenthaltsräume.

Unser Plan sah vor, dass wir uns in der Mittagspause im Lager treffen würden, um die Beute bzw. das Diebesgut genussvoll zu verspeisen. Ich machte mich auf zur Leergutannahme und Sven kratzte weiter die Gefriertruhen frei. Dazu muss man wissen, dass wir eigentlich, genauso wie alle Klassenkameraden, zwei Wochen Ferienarbeit in unserem Patenbetrieb, dem GPG Roter Oktober, absolvieren sollten. Die Arbeit dort war eintönig und anstrengend, wurde aber viel besser bezahlt. Sven hatte uns durch bestimmte Beziehungen in der Kaufhalle untergebracht. Wir machten uns nicht wirklich tot und gingen nur zwei Minuten bis zur Arbeit. Unsere Mitschüler dagegen schnitten mit ihren zarten Pionierhänden zwei Wochen lang Rosengewächse auf irgendwelchen Feldern mitten im Nirgendwo. In der prallen Sonne eine echte Sklavenarbeit. Und weit und breit kein Pfirsich, soviel war mal sicher!

Pünktlich um 12 Uhr zwängten wir uns nacheinander in unsere perfekt getarnte Höhle. Das Aroma der Pfirsiche umfing uns wie eine milde Brise aus dem innerstädtischen Intershop. Ein Gefühl von unendlicher Dankbarkeit und tief empfundener Freude machte sich in uns breit. Sehr gern würde ich die folgenden Minuten ebenso poetisch und liebevoll beschreiben. Die Wahrheit ist jedoch, dass wir uns wie die Berserker nacheinander zehn Pfirsiche in den gierigen, jugendlichen Schlund schoben. Der Saft lief uns aus den Mundwinkeln und das Fruchtfleisch hing uns in Fetzen an der Nase. Es war insgesamt weniger ein Kauen als vielmehr ein schmatzendes Würgen und Schlucken. Selbst die Kerne lutschten und knabberten wir so sauber, wie nur DDR-Bürger es vermochten. Den Rest der Mittagspause verbrachten wir mit wohligem Grunzen.
Dass wir aufflogen, lag nicht etwa daran, dass wir zu doof waren, unsere Spuren zu verwischen. Nein, nein, den Pfirsich-Karton hatten wir zerkleinert und später weit weg in einem Müllkübel des VEB Kammgarnspinnereien entsorgt. Die Kerne buddelten wir in die Rabatte unseres Schulgartens ein. Drei Meter tief. Nur zur Sicherheit. Den Duft der Pfirsiche vertrieben wir mit einer ganzen Spraydose der Marke Action, ein der Freien Deutschen Jugend zugedachtes Parfüm, das so roch, als hätte man Katharina Witt nach dem Training den Achselschweiß abgeschabt und mit russischer Kernseife aufgemotzt.
Und selbst den Hohlraum im Lager verschlossen wir wieder so perfekt, als hätte es sich um die innerdeutsche Grenze gehandelt. Was uns letztlich zum Verhängnis wurde, war ein profaner Lieferzettel. Auf dem waren

eben exakt 12 Kisten Pfirsiche vermerkt. Da die verantwortlichen Diplom-Kaufhallen-Überwachungsfacharbeiter nicht beweisen konnten, dass wir uns die fehlende Kiste unter den Nagel gerissen hatten, drehten sie uns einen Strick daraus, dass wir bei der Warenannahme die Kisten hätten zählen müssen. Wir einigten uns sodann mit der Kaufhallenleitung auf einen Aufhebungsvertrag und verließen nach nur einer Woche unsere Arbeitsstelle.

„Irgendwie doof, dass wir jetzt nur eine Woche gearbeitet und dafür so wenig Geld bekommen haben“, sagte ich etwas enttäuscht.

„Nein, mein Freund“, antwortete Sven, „doof ist, dass der Alte mir erzählt hat, dass morgen eine Lieferung Schokoküsse kommt.“

„Echt?“

„Ja, echt!“

„Hast Du eine Idee, wo wir Zement herkriegen?“

Jörg Schwedler

Nie zuvor

Das erste echte Konzert meines Lebens sah ich im Dorf Siedenbollentin an der Mecklenburger Seenplatte. Die Band hieß ELECTRA und war in der DDR gar nicht mal so unbekannt. Bei den Bewohnern des Dorfes Siedenbollentin aber schon. Der Auftritt dieser bärtigen, langhaarigen Bengel mit ihren Strominstrumenten sorgte nicht unbedingt für große Aufmerksamkeit. Bei mir schon. Ich war ein Kind. Ich sah das erste Mal in meinem Leben Musiker, E-Gitarren, Keyboards und war völlig geflasht. Und so stand ich mit offenem Mund vor der Bühne und starrte sie an. Für die Band muss das ein wirklich schreckliches Konzert gewesen sein. Heute kann ich das nachvollziehen. Ich selbst hatte Auftritte auf riesigen Bühnen, ohne Publikum, bei denen Rentner sich auf der Flucht vor mir und meinen Texten mit ihren Krankenfahrstühlen in den leeren Stuhlreihen verfingen und mit ausdauerndem Vorwärts- und Rückwärtsfahren versuchten zu entkommen.

So muss sich die Band ELECTRA auch gefühlt haben. Dazu noch der kleine Junge mit dem offenen Mund. Die massenhaften Amalgam-Plomben des Schulzahnarztes verstärkten das bunte Licht der Bühnenscheinwerfer noch, blendeten die Musiker und müssen wie ein Heiligenschein gewirkt haben. Halt aus dem Mund. In den Pausen nippte ich an meiner Fassbrause und sog danach wieder jede Zehntelsekunde des nächsten Liedes auf. Durch die Ohren, durch die Augen, und wohl auch durch den Mund. Nie zuvor hatte ich so etwas gesehen. „Nie zuvor" hieß auch passenderweise der größte Hit der Band. Und während der Gig für die Band ein Auftritt zum Vergessen war, öffnete sich für mich eine ganz neue Welt. Die Welt der Musik.

Musik hatte in meiner Familie keine große Priorität und der Musikgeschmack meiner Eltern war in den Augen eines Heranwachsenden auch eher zweifelhafter Natur. Ich musste mich davon abnabeln. Ich brauchte eigene Musik, ich brauchte eigene Technik. Ich brauchte einen Kassettenrecorder. Ich brauchte einen KR660 vom VEB Sternradio Berlin. Das Kampfschwein unter den Kassettenrekordern. Solide und ohne Schnickschnack. Wie die DDR selbst. Allein der Preis von 795 Mark stand zwischen mir und der Möglichkeit, eigene Musik aufzunehmen. Ein Sack voll Geld für einen kleinen Jungen ohne Westverwandte, ohne Westpakete und damit ohne Comics und BRAVO-Poster für den Schwarzmarkt an der Bushaltestelle. Geduld war meine einzige Möglichkeit.

Ich musste also bis zur Jugendweihe warten, um mir meinen Traum zu erfüllen und den KR660 in meinen zittrigen Händen zu halten. Aber einen eigenen Kassettenrekorder zu haben, bringt in erster Linie nur Probleme. Probleme, die man ohne den KR660 gar nicht hätte. Hauptsächlich Empfangsprobleme. So konnte ich in meiner Heimat im Bezirk Magdeburg zwar hervorragend DDR Radio I und DDR-Radio II und somit zum Beispiel die Fußballübertragungen der DDR Oberliga empfangen, aber in Sachen Musik war das dank Quoten und Zensur doch eher Rohkost. Nur ohne Kost. Um an Sender wie RIAS oder FFN in Berlin oder Niedersachsen zu kommen, musste man etwas improvisieren. Die Lösung war Kupferdraht. Da fast nichts weggeschmissen wurde und Schrott stets vorher auseinandergebaut wurde, hatte fast jedes Dorfkind irgendwo eine alte Spule mit Kupferdraht liegen. Damit wurde die Antenne des Kassettenrecorders gepimpt. Abenteuerliche Konstruktionen entstanden. Um den Empfang zu verbessern, wurden irgendwelche Metallkonstruktionen (zum Beispiel Heizungen oder Bettgestelle) über Kupferdraht mit der Antenne verbunden. Nach stundenlangem Herumexperimentieren wurde schließlich die beste Konstruktion gefunden, um an das imperialistische Liedgut zu kommen. Wenn Erwachsene heutzutage solche verkabelten Kinderzimmer sehen würden, hätte man die Kinder schon lange wegen Terrorverdachts verhaftet. Wahrscheinlich zur Klärung eines Sachverhalts.

Wenn man also den Kassettenrekorder KR660 vom VEB Sternradio Berlin richtig positionierte, die Antenne richtig ausrichtete, den Kupferdraht in die richtige Form gebracht, das Bettgestell mit der Antenne verbunden hatte und das Wetter auch noch mitspielte, dann war man in unserer Region in der Lage, verschiedenste Radiosender grenzübergreifend zu empfangen.

Damit offenbarte sich aber nur ein weiteres Problem: die Kassetten. Ich hatte zwar zum KR660 ein orangefarbenes Kassetten-Rondell bekommen, das zu dieser

Zeit so grell und HIP war, dass man allein durch den Besitz automatisch zu einen Arbeiter- und Bauern-Hipster wurde, ich hatte aber noch lange keine Kassetten. Und so fristetet mein Kassetten-Rondell ein trauriges Dasein in der Anbauwand.

Leere Kassetten zum Aufnehmen von Musik waren in der DDR teilweise teurer als Originalkassetten mit Amiga-Popmusik. Um an die benötigten Kassetten zu kommen, brauchte man also eine nicht unerhebliche Menge Geld. Dafür musste man schon einige Omas bei der Altstoffsammlung um ihre Zeitungen, Flaschen und Gläser bringen, um bei der SERO-Annahmestelle die benötige Kohle zu verdienen. Auch richtiges Timing war dafür richtig. Denn wenn parallel gerade die Jung- & Thälmann-Pioniere aus Solidarität mit Nicaragua oder anderen Freunden - und die DDR hatte eigentlich immer irgendwelche Freunde, die gerade in Not waren - Altstoffe sammelten, war der Inhalt der Keller und Abstellräume keine 10 Pfennig wert.

Aber irgendwann hatte ich meine Kassetten und konnte endlich Musik aufnehmen. Aber erneut fehlte etwas. Und zwar Musikgeschmack. Ich hatte keinen Musikgeschmack. Natürlich würde ich hier gerne über Songs von Bruce Springsteen, die Stones oder Bob Dylan berichten. Aber ehrlich gesagt kannte ich die überhaupt nicht. Woher auch? Ich brauchte ja schon Jahre, um ein Kreide-Graffiti an einer Scheune mit den Wörtern „Pe-op-el-e a-re Pe-ope-le“ als den Song „People are People“ von Depeche Mode zu erkennen.

Ich würde hier auch gerne schreiben, dass ich auch auf dem Berliner Schwarzmarkt Original-Schallplatten kaufte, die teurer waren als meine Monatsmiete. Aber ich hatte gar kein Einkommen, geschweige denn Miete. Und wenn ich mit meinen Eltern in Berlin war, dann trieben wir uns nicht auf Schwarzmärkten herum, sondern benahmen uns wie anständige Hauptstadt-Touristen. Also Pläntewald, Weltzeituhr & Fernsehturm.

Ich würde hier auch gerne darüber berichten, dass ich wirklich coole Untergrund-Ostmusik von Bands wie Renft, Feeling B, Skeptiker oder Freygang hörte. Musik, die es nur unterm Musik-Ladentisch gab. Das wären gute Geschichten. In meiner kleinen Welt gab es aber nicht mal die normalen Musik-Ladentische. Geschweige denn noch irgendwas darunter.

Und so war ich auf den Musikgeschmack von anderen angewiesen. Zum Beispiel auf Jörg-Christian Petershofen. Dieser hatte auf FFN eine vierstundige Chartsshow mit dem Namen „Hot One Hundred" – yeah! Das war meine Möglichkeit, an echte Krachersongs wie „Never gonna give you up" von Rick Astley zu kommen. Kylie Minogue, CC CATCH, Tina Turner, Modern Talking, Falco, Bon Jovi, ich hatte sie alle. Im wahrsten Sinne des Wortes. Denn um bei den Hot100 keine guten Songs zu verpassen, musste man mit einer notwendigen Ernsthaftigkeit an die Sache heran gehen.
Das sah ungefähr so aus: Pünktlich zu Beginn der Sendung war man am Radio. Die Kassette natürlich an die richtige Stelle gespult, den Finger locker auf der Re-

cord-Taste. Eventuell wurden sogar Dehn- und Aufwärmübungen mit dem Zeigefinger durchgeführt.

Und dann nahm man einfach jeden Song auf. Genau. Man saß hochkonzentriert vorm Radio, passte auf die Zehntelsekunde genau den Beginn des Songs ab und ließ den Finger im richtigen Moment runterfahren. Die Aufnahme lief. Und jetzt ging der Stress erst richtig los. Da man die Songs vorher meistens nicht kannte, insbesondere dann nicht, wenn es „New Entrys" waren, musste man nun kurzfristig entscheiden, ob das Lied wirklich auf dem Mixtape sein sollte. Wartete man zu kurz, entwickelte sich der Song eventuell noch zu einem echten Kracher, entschied man sich zu spät, waren die Folgen noch verheerender. Denn man musste immer noch genug Zeit einplanen, um die Aufnahme zu beenden, die Kassette umzudrehen, die Kassette wieder an die richtige Stelle zu spulen, die Kassette wieder umzudrehen, zu hoffen, dass man an der richtigen Stelle war, die Kassette wieder umzudrehen, leicht nach zu justieren, die Kassette wieder umzudrehen und vor Beginn des nächsten Songs bereit zu sein. Murphy war bereits damals ein Arsch. Denn immer, wenn man es nicht rechtzeitig schaffte, kam direkt der Supersong. Dann konnte man nur noch mithören, es aber nicht genießen, weil man von sich selbst zu enttäuscht war, es nicht rechtzeitig geschafft zu haben. Man durfte einfach keine Fehler machen. Das war unglaublich wichtig. Und dann gab es ja auch noch Bandsalat. Ab und an zog sich das Magnetband aus der Kassette. Dann hieß es, Ruhe bewahren. Kinder und Kassetten zuerst. Die Sicherheit stand an erster Stelle. Auf keinen Fall durfte man einen

Bänderriss provozieren. Das Band musste erst entwirrt und dann mit einem Bleistift wieder aufgerollt werden. Und dann waren die 30 Minuten ja auch irgendwann voll und die Kassette musste gedreht werden. Der aktuelle Song wurde also abgebrochen... es war die Hölle.

Wenn aber alles glatt gelaufen war, wenn man den richtigen Zeitpunkt getroffen hatte, der Song sich während des Hörens zu einem echten Hit entwickelte, dann konnte man sich zurücklehnen und die Glückshormone genießen, die zu diesem Zeitpunkt zusammen mit der Melodie durch den ganzen Körper strömten. Dann musste man nur noch das Ende abpassen und hoffen ... dass der Moderator nicht in den Song quatschte. Das war die Höchststrafe. Irgendwelche Arschlöcher, die ins Ende der Songs quatschten, waren der Endgegner. In der ganzen Region konnte man dann wütendes Gebrüll aus den Zimmer vernehmen. Ich verachte sie bis heute!! Zutiefst. Jörg-Christian Petershofen spielte die Songs in der Regel aus. Und dafür bin ich ihm sehr, sehr dankbar. Und das hätte ich ihm auch gerne noch gesagt. Ein echtes Update war dann das DDR-Jugendradio DT64. Die Sendung „Tendenz Hard bis Heavy“ richtete zum Beispiel richtig Schaden im Friseurgewerbe an. Und in der Sendung „Duett – Musik für den Rekorder“ wurden sogar ganze Schallplatten am Stück gespielt.

Musik spielte eine große Rolle in der DDR. Das Verlangen nach Tonträgern und Konzerten war mächtiger als Zensur und Quoten. Sie war Ausdruck von Freiheit. Und wenn man die Zeit vor Wende wirklich verstehen will, darf man sich nicht nur die Politik anschauen, sondern muss auch einen Blick auf die Tanzflächen der Republik werfen.

Dominik Bartels

Kotzmühle

Es wird immer wieder behauptet, dass es in der DDR keine so krassen sozialen Unterschiede zwischen den Menschen gab. Doch jeder Ossi, der in seiner Pubertät einmal auf dem Rummelplatz rumgelungert hat, weiß, dass es sehr wohl einen Graben gab, an dem der kommunistische Traum von der Gleichheit aller Individuen endete. Dort, an diesem Ort, gab es nur die Coolen und die ...Anderen.

Ich erinnere mich noch genau, dass wir als Testosteron geschwängertes Pickelkollektiv jeden Tag auf den Festplatz pilgerten, um uns an einem Fahrgeschäft namens Walzerfahrt die schmächtigen Beine in die FDJ-Bäuche zu stehen. Zweierlei Dinge zeichneten dieses Karussell aus. Sie hatten erstens eine beschissene, aber dafür sehr laute Anlage, mit der sie den ganzen Tag Westmucke spielten. Und sie verfügten zweitens über diese um 360 Grad drehbaren Sessel, die bei hohen Geschwindigkeiten dafür sorgten, dass man dem Mädchen aufgrund der einsetzenden Flichkraft körperlich sehr, sehr nahekam. Ich muss das ja nicht weiter ausführen, Genossen, aber damals, ganz ohne Pornos, Quelle-Katalogen und Videokabinen reichte schon die Berührung des nackten Knies eines Mädchens aus, um den eigenen Schlüpper einem Dehnungstest zu unterziehen. Da wundert es natürlich nicht, dass sich die gesamte Jugend unserer Kleinstadt rund um die im Volksmund „Kotzmühle“ genannte Jahrmarktattraktion versammelt hatte. Wir standen da, wippten lässig zu den Songs von Billy Idol, schwenkten lässig unsere drei Papierblumen hin und her, die wir an Gabis Würfelbude für das Wochengehalt eines Bergarbeiters abgeräumt hatten und fixierten mit unseren Blicken einzelne Mädchen, um ihnen so subtil mitzuteilen, dass wir gern mit ihnen in den Sessel der Walzerfahrt steigen würden.

Eine Fahrt kostete eigentlich 20 Pfennig. Eigentlich, weil es ungeschriebenes Gesetz war, dass der männliche Fahrgast selbstverständlich die holde Weiblichkeit neben sich zum wilden Ritt auf dem klappernden Karussellungetüm einlud. Dennoch verfügte man mit den üblichen 5 Mark Taschengeld und ein bis zwei Altstoffsammelnachmittagen in der Regel über genug monetäre Mittel in der Tasche, um einige Tage aktiv am Rummelgeschehen teilnehmen zu können. Der eine Woche in der Stadt gastierende Jahrmarkt war für uns als brünftige Diplom-Versager so etwas wie das „Bauer sucht Frau“ unserer Zeit. Nur dass Inka Bause damals nicht als Moderatorin einer peinlich inszenierten Kuppelshow nervte, sondern mit Hits wie „Spielverderber“ in einer Show namens „Bong“ akute Brechreizanfälle auslöste. Apropos Brechreizanfälle, die Kunst bei der Walzerfahrt bestand natürlich darin, die Mädchen durch extrem gockelhaftes Verhalten auf sich aufmerksam zu machen. Das schaffte man in erster Linie dadurch, NEIN, man meinte damals, dies in erster Linie dadurch schaffen zu können, dass man den eigenen Sessel durch vollkommen peinlich wirkenden Körpereinsatz derart schnell drehte, dass die Augäpfel irgendwann nach innen klappten und sich im Magen ein Bratwurst- Fassbrause-Waffel-Zuckerwatte-Smoothie bildete, den man nur sehr, sehr schwer unter Kontrolle halten konnte.

Erschwerend kam hinzu, dass die sozialistischen Walzergondeln auf jegliche Sicherheitseinrichtungen konsequent verzichteten. Da, wo man heute mittels hydraulischer Polster in den ergonomischen Sitz gepresst wird, hing damals nur ein schlapper Strick an der Innenverkleidung. Niemand, der bei klarem Verstand war, benutzte diese Karussell-Galgen. Also hingen wir wie ein entkräfteter Wackelpudding in der Gondel und versuchten, mit einem äußerst lässigen Gesichtsausdruck das deutliche Grummeln im Magen zu überspielen.

Die coolen Schaustellerjungs brauchten derartige Mätzchen nicht. Das waren verwegene, nach Freiheit und Abenteuer stinkende Achselshirtträger, die lässig auf der Lehne hockten, dann bei voller Fahrt vom Karussell sprangen, nur um elegant und trotzdem dynamisch vor dem Kassenhäuschen zu landen, wo sie einem Doppelganger von Achim Mentzel die eingesammelten Chips in die Hand drückten. Sie waren Freibeuter, Outlaws, Piraten im real existierenden Sozialismus. Auf unzähligen Plätzen in unzähligen Städten und Dörfern verdrehten sie den Arbeiter- und Bauerntöchtern die dauergewellten Schädel. Immer dabei, ihre verspiegelte Sonnenbrille vom Polenmarkt. Gegen diese geballte Mischung aus Rebellentum, Kraft und dem Duft der großen weiten Welt wirkten wir wie die verschüchterte Pionierbrigade einer sibirischen KIK-Filiale. Unser Coolness-Faktor reichte damals gerade noch aus, um als

Werbebotschafter für die örtliche SERO-Annahmestelle herzuhalten.

Zu dieser Zeit war ich unsterblich in Constanze verliebt. Sie war klug, witzig und wir hatten uns im jenen Sommer schon mal ein Softeis geteilt. Damit waren wir quasi ein Paar. An der Schießbude hatte ich 10 Röhrchen weggeballert und so ein kleines Plüschherz errungen. Ich brauchte mehr als 200 Schuss. Das lag einerseits an dem völlig krummen Lauf des altersschwachen Gewehrs und andererseits an der weit verbreiteten Masche, die Gipsröhrchen vorher in Wasser zu tauchen, damit sie weniger gut platzten. Voller Stolz schlenderte ich Richtung Walzerfahrt. Und dann sah ich ES. Oder besser SIE. Mit IHM. Constanze. Meine Frau. Diese Constanze knutschte mit einem der Schaustellertypen ungeniert neben dem Fahrgeschäft herum. Ich spürte die Wut eines heißblütigen FDJ´lers in mir aufsteigen. Doch was sollte ich machen? Mich prügeln? Ging ja nicht, schließlich hatte ich noch das Plüschherz in der Hand. Mich mit wildem Gebrüll zwischen sie drängen? Nun ja, ich war gerade im Stimmbruch und mein Brüllen klang eher wie das verzweifelte Miauen eines Katzenbabys. Doch irgendwas musste ich tun. Und deshalb ging ich mit festen Schritten, die Hände zu Fäusten geballt und einem zu allem entschlossenen Gesichtsausdruck … erstmal nach Hause.

Auf meinem Schreibtisch lag das Poesiealbum von Constanze. Ein wunderschönes in Leder eingebundenes Büchlein, in das sich bereits all ihre Freundinnen mit tollen Weisheiten, niedlichen Zeichnungen, einem

Passbild und ausgefülltem Fragenkatalog verewigt hatten. Ich war der erste Junge, den sie gefragt hatte. Und deshalb hatte ich auch alles mit größter Sorgfalt ausgefüllt und ein Urlaubsschnappschuss auf Passbildgröße zurechtgeschnitten, weil da meine Haare nicht so peinlich aussahen. Was noch fehlte, war ein passender Spruch, den man der Besitzerin des Büchleins mit auf den Weg gab. Ich schlug das Poesiealbum auf. Gleich auf der ersten Seite hatte Constanze in ihrer formschön geschwungenen Mädchenschrift einen wichtigen Hinweis für alle Freundinnen und Freunde formuliert: „Wer in dieses Büchlein schreibt, den bitte ich um Sauberkeit. Reiß ihm ja kein Blättlein raus, sonst ist es mit der Freundschaft aus." Pah, dachte ich, mit unserer Freundschaft ist es sowieso aus. Aber Sachbeschädigung kam für mich nicht in Frage. Deshalb schlug ich die mir zugedachte Seite auf, betrachtete nochmal mein Urlaubsbild und schrieb Constanze dann folgende Lebensweisheit in ihr süßes Poesiealbum:

„Wer Ordnung liebt das ganze Leben,
der pisst ins Klo und nicht daneben!"

Anschließend ging ich in unseren Keller, zog die Schublade des Werkzeugschrankes auf und füllte mir die Hosentaschen mit Schrauben, Muttern und Unterlegscheiben. Ein kurzer Blick auf die Uhr und ich wusste, dass es an der Zeit war, meinen Racheplan zu vollenden. Es war so etwas wie ein ungeschriebenes Gesetz, eine liebgewonnene Tradition, eine aus Urzeiten überlieferte Sitte, dass die letzte Runde des Walzerfahrt-Karussells rückwärts absolviert wurde. Diese Rückwärtsfahrt war das Highlight eines ganzen Rummeltages. Wir sparten uns meistens noch einen Fahrchip auf, um am Abend dabei sein zu können.

Constanze brauchte an diesem Tag keinen Chip, sie wurde von ihrem Schaustellerjungen eingeladen, die letzte Runde mit ihm zu fahren. Ich setzte mich in einen der Sessel und wartete geduldig auf meinen Einsatz. Das Ding startete und Achim Mentzel gab in seinem Kassiererkabuff nochmal richtig Gas: „Ready, Konfetti. Dann machen wir für die Anfänger erstmal ne Proberunde zum eingewöhnen? Jetzt ist aber Schluss mit Kuscheln. Da drehen wir die Platte mal auf, ab durch die Mitte, Brigitte. Und ab geht er, der Peter. Whhooop, Whooop.“

Und dann ging es in der Tat ab. Die Bahn knarzte und ächzte. Das alte Holz stöhnte und knirschte. Die Sessel drehten sich nochmal ein wenig schneller und die Mädchen stießen spitze Schreie aus. Auf dem Höhepunkt dieses Geschwindigkeitsrausches leerte ich unbemerkt meine Taschen. Und dann sprangen und hüpften und tanzten und hopsten sie. Überall flogen Schrauben, Muttern und Unterlegscheiben umher. Panik machte sich breit. Der Achim Mentzel in seiner Steuerzentrale bekam einen hochroten Kopf und stoppte die Bahn sofort. Mit verschwitzten Gesichtern sahen sich alle an. Wie nach einem verhinderten Orgasmus mischten sich Enttäuschung, Ärger und Unzufriedenheit zu einem Cocktail aus Frustration.

Ich kaufte mir eine letzte Zuckerwatte, sah rüber zu den coolen Jungs von der Walzerfahrt, die nun aufgeregt hin- und herliefen. „Tja, Freunde, das wird ne lange Nacht für euch. Ganz ohne Knutschen und Fummeln.“ Neben mir an der Losbude entdeckte ich ein Schild: „Junger Mann zum Mitreisen gesucht.“ Ich dachte an Constanze und das Poesiealbum und flüsterte „Warum eigentlich nicht. Ich bin ja jetzt wieder frei und ungebunden.“

Jörg Schwedler

Und morgen fährst Du Mist!

Ich habe einen bleibenden Schaden aus meiner Kindheit. Meine Mutter arbeitete in einer LPG und diese veranstaltete jedes Jahr eine Weihnachtsfeier für die Kinder der Mitarbeiter. Kann ja sein, dass es in der DDR an einigem gemangelt hat, aber bestimmt nicht an Kindern. Und so zwängten sich jedes Jahr an die 50 Kinder in den großen Saal. Und fast nochmal genauso viele Eltern. Es gab Kaffee, Kakao, Kekse und Kuchen.

Irgendwann kam dann der Weihnachtsmann. Mit Sack und Rute. Ein Kind nach dem anderen wurde vom Weihnachtsmann aufgerufen. Das blanke Entsetzen stand ihnen in den Augen. Da stand kein freundlicher Rauschebart. Man musste zu einem Typen mit Reisig-Schläger und absolut gruseliger Maske nach vorne, um ihm und den hundert anderen Zuschauen im Saal etwas vorzutragen. Und wofür? Für Kuba-Apfelsinen! Kein Geschenk auf dieser Welt war diesen Stress wert. Erst recht keine Kuba-Apfelsinen! Da hat uns Fidel Castro aber damals sowas von verarscht. Aber egal. Der Weihnachtsmann hätte auch zentnerweise Bananen oder sogar Westschokolade verteilen können. Es war den Stress nicht wert! Solche Erlebnisse sind prägend für ein ganzes Leben.

Und dann wurde dieses Ereignis ja von den Erwachsenen auch gnadenlos ausgenutzt. Die besagten Geschenktüten, aufgefüllt mit Keksen, Walnüssen und

Eiskonfekt, wurden dem Weihnachtsmann vorher zugesteckt, versehen mit den Namen der Delinquenten. Und dann gab es von den Eltern immer noch einen Hinweis auf das Verhalten der Kinder. Der Weihnachtsmann war zu DDR-Zeiten kein netter Onkel, der im Einkaufszentrum wahllos Diabetes ins Volk schmeißt. Nein! Der Weihnachtsmann war in der Deutschen Demokratischen Republik eine Respektsperson mit pädagogischem Auftrag:

„Und Karsten? Warst du denn artig?" - „Öhmmm... ja?!" - „AHAA! Und was war neulich, als du bei Meiers die Hühner im Garten gejagt hast? Der Weihnachtsmann sieht alles, mein Freund!". Allein schon die Frage: „Warst du artig?" Was soll man darauf bitteschön antworten? Sagst du Nein, ballert er dir eins mit der Rute. Antwortest du mit JA, sagt er dir, dass du dein Zimmer nicht aufgeräumt hast oder dass du beim Friseur wieder gezappelt hast oder dass du im Kindergarten das Gulasch wegen der Fettreste nicht gegessen hast oder ständig den Schnodder mit dem Ärmel abwischst. Eltern und Weihnachtsmänner steckten unter einer Decke!!

Heute, mit etwas Abstand, kann ich aber sagen, dass ich dem Weihnachtsmann verziehen habe. Nicht, weil ich den bleibenden Schaden überwunden hätte, sondern, weil ich inzwischen selbst als Weihnachtsmann tätig war. Freiwillig! In einer Buchhandlung! Mein Kostüm stank wie ein Jahr Mottenkiste und entfaltete bereits nach kurzer Zeit seine ganze Wärmedämmung. Bereits nach drei Kindern war ich mit Schweiß überströmt. Der

Bart fusselte fürchterlich an Lippen und Nase, sodass ich bei jedem Atemzug die Watte mit einzog. Die Kinder waren teilweise peinlich berührt. Keines aber wollte dem Weihnachtsmann sagen, dass er stank wie ein Iltis. Wahrscheinlich ging es dem Weihnachtsmann damals nicht besser. Denn machen wir uns nichts vor, atmungsaktive Weihnachtsmann-Kostüme gehörten in der DDR nicht zu den Kernkompetenzen. Und dann gab es auch noch meist ältere Kinder, die sich trauten, DAS Gedicht vorzutragen. Den ewigen Klassiker:

Lieber guter Weihnachtsmann
Ich weiß ja, wer du bist
Heute spielst du Weihnachtsmann
Und morgen fährst du Mist

Und die Chancen, dass der Weihnachtsmann am nächsten Tag wirklich Mist fahren würde, standen tatsächlich gar nicht so schlecht.

Und irgendwann war es soweit. Wenn man die Moralpredigt hinter sich hatte, das Gedicht halbwegs fehlerfrei aufsagte, dann hatte man sich das Geschenk wahrlich verdient und brachte es schnellstmöglich in Sicherheit. Und das vermisse ich tatsächlich ein wenig. Egal ob LPG-Weihnachtsmann oder der heimische Tannenbaum an Heiligabend. Die Wertschätzung ist uns und unseren Kindern leider inzwischen völlig abhandengekommen. Heute gibt es kaum einen Tag im Jahr, an dem ein deutsches Kind nicht mit Geschenken überschüttet wird. Adventskalender, Nikolaus, Weihnachten, Geburtstag, Ostern, Kindertag, Halloween,

Fasching, Einschulung und irgendwas mit Zahnfee. Zeitweise wird auch jeder halbwegs erfolgreiche Toiletten-Gang durch Gaben gepriesen. Wahrscheinlich, um den Toilettengott zu beschwichtigen.

Die Wertschätzung für einzelne Präsente bleibt teilweise total auf der Strecke. Kinder öffnen Geschenke wie am Fließband. Sie können nicht anders. Es ist wie ein Rausch. Oft hört man an Heiligabend in den Häusern nur noch ein monotones „RUSCHHH. JA, GEIL! NÄCHSTES!!“ - „RUSCHHH. JA, GEIL! NÄCHSTES!!“ - „RUSCHHH. JA, GEIL! NÄCHSTES!!“ - „RUSCHHH. JA, GEIL! NÄCHSTES!!“.

Bekannte von mir wollten in der Weihnachtszeit endlich mal wieder etwas „Zweisamkeit genießen“. Als ihre 4jährige Tochter wie geplant in der „RUSCHHH. JA, GEIL! NÄCHSTES!!-Phase ankam, nahmen die beiden die bereits ausgepackten Geschenke und verpackten sie hinter dem Rücken des Kindes neu. Nach vier Stunden fiel das Kind in einen komatösen Erschöpfungszustand. Meine Bekannten brachten die Kleine ins Bettchen, ballerten sich eine Flasche Rotkäppchen in den Kopf und vögelten bis zum zweiten Weihnachtsfeiertag durch.

Trotz Sekt und der angestauten Lust achteten sie dabei penibel auf die Verhütung. Sie nutzen Kondome und man konnte an Weihnachten aus ihrem Haus nur ein monotones „RUSCHHH. JA, GEIL! NÄCHSTES!!“ - Aber ich schweife ab. Was ich eigentlich sagen wollte: Texte vor Publikum vorzutragen ist die Hölle!

Dominik Bartels

Lagerhaltung

Wenn man im real existierenden Sozialismus in den Urlaub fahren wollte, war das alles andere als einfach. Spontan den Trabbi vollpacken, dann 14 Stunden vom Erzgebirge über die Plattenautobahn irgendwo ans Meer zu tuckeln, war absolut unmöglich. Nicht etwa, weil die volkseigene Rennpappe diese Strecke nicht geschafft hätte, nein, man benötigte einen Urlaubsplatz. So nannte man das staatlich organisierte Anrecht auf Unterkunft und Verpflegung in einem der heruntergekommenen FDGB-Heime, die es zu Hunderten auf dem Areal des Arbeiter- und Bauernstaates gab. Und wie das eben auch in anderen Bereichen der sowjetischen Besatzungszone war, galt bei der Vergabe für den Urlaubsplatz: Du hast entweder Beziehungen, etwas Wichtiges zum Tauschen oder warst der Partei angenehm aufgefallen. Meine Eltern hatten weder Beziehungen, noch etwas Wichtiges zum Tauschen. Der Partei waren sie zwar aufgefallen, aber eher unangenehm. Deshalb verbrachten wir unseren Urlaub immer bei der buckeligen Verwandtschaft. Die wohnte zum Glück auf der Insel Usedom. Wobei „Wohnen" in der DDR schon ein sehr auslegungsbedürftiger Begriff war. Im ganzen Land herrschte ein eklatanter Mangel an Fassadenfarbe. Unsere Innenstädte waren architektonisch gesehen mehr so „50 Shades of Grey". Lebensbejahende und beliebte Farbtöne waren mausgrau, regengrau, taubengrau, feldgrau und natürlich der Klassiker betongrau. Die Anzüge des Politbüros – grau. Die Uniformen der NVA – grau. Die Blaumänner der Handwerker und Industriearbeiter – grau. Das einzig wirklich Bunte in der DDR war der Himmel über dem Chemiekombinat Leuna und die zwei Jahre alte Leberwurst im Kühlschrank meines Onkels Gerald.

Dieser Onkel residierte in einer alten Bädervilla direkt an der Heringsdorfer Strandpromenade. Eigentlich total super bis megageil. Eigentlich, denn über ihm befand sich die örtliche Bücherei und unter ihm … nun, unter ihm gab es nur pommerschen Sand, denn er hauste im Kellergewölbe des herrschaftliches Hauses. Der einzige ernsthafte Künstler in unserer Familie hatte einen immensen Stromverbrauch, weil ein wie auch immer geartetes Tageslicht seine Räumlichkeiten schlichtweg nicht erreichte. Oder um es anders zu formulieren: So tief konnte die Sonne gar nicht sinken, als dass sie ein paar Strahlen durch die Schießscharten hätte schicken können. Mein Onkel dachte sich wohl, dass es bei diesem Weltklima-gefährdenden Energieverbrauch für uns alle sowieso keine Rettung mehr geben würde und fuhr mit großer Leidenschaft einen völlig vom Rost zerfressenen Moskvich, der etwa 12 Liter Benzin verbrauchte. Nicht etwa auf 100 Kilometern, sondern allein beim Startvorgang. Zudem vernebelte die Auspuffanlage weite Teile des Ostseestrandes und führte zu ernsthaften diplomatischen Spannungen zwischen der DDR und der Volksrepublik Polen. Der russische Straßenpanzer produzierte keinen Feinstaub, sondern interplanetarische Wolken. Ferien bei den Verwandten war wie Urlaub im eigenen Kleingarten. Man weiß zwar, was man hat, aber richtig geil ist es eben nicht.

Um diesem ganzen Elend zu entfliehen, hatte ich eine scheinbar wunderbare Alternative entdeckt. Etwa ab dem 11. Lebensjahr fuhr ich regelmäßig und voller Enthusiasmus ins Ferienlager. Das waren Freizeitanlagen für die Kinder der werktätigen Bevölkerung, die in aller Regel von einem volkseigenen Betrieb oder einer landwirtschaftlichen Produktionsgenossenschaft finanziert und unterhalten wurden. So fuhren die Bergbaukinder auf die Insel Rügen ins Ferienlager des VEB Wismut Aue und der Nachwuchs der Chemiker an die Mecklenburger Seenplatte ins Kinder- und Erholungsheim des Schkopauer Chemie-Kombinates Wilhelm Pieck. Oft lagen die einzelnen Lager nur wenige hundert Meter voneinander entfernt und waren verbunden durch feste, tiefgehende, jahrzehntelange Feindschaften. Wenn wir beispielsweise gegen die verwöhnten Hauptstadtblagen der Berliner Elektronikfacharbeiter Fußball spielten, so hatte dieses Match mindestens die Brisanz des Revierderbys zwischen Dortmund und Schalke. Es war allein dem allgemeinen Mangel in der DDR geschuldet, dass bei diesen Schlachten nicht Bengalos, Feuerwerkskörper oder Panzerfäuste zum Einsatz kamen. So blieb es bei zerstochenen Busreifen und verwüsteten Umkleidekabinen sowie diversen Verletzungen, die bei einigen noch heute eine Arbeitsaufnahme unmöglich machen.

Gestählt wurden die Körper der zukünftigen Genossinnen und Genossen in den Ferienlagern durch kommunistische Kniebeugen am frühen Morgen, ungesüßten Tee zum Frühstück, Mittag, Abendbrot und zwischendurch sowie durch diverse Schlachteplatten mit Bierschinken und anderen in unschuldigen Kinderaugen sehr schockierenden Fleischerzeugnissen aus der heimischen Wurstindustrie. Um es auf den Punkt zu bringen: Es gab genug zu essen, es schmeckte nur einfach nicht. Das führte wiederum dazu, dass bei einem Ausflug ins nächstgelegene Dorf der dortige Lebensmittelladen gestürmt wurde und sich alle ausgemergelten Pioniere mit Schlager Süßtafel und anderen schokoladenähnlichen Erzeugnissen eindeckten.

Die Gummibärentüten und Schokoladentafeln dienten jedoch nicht nur der Aufrechterhaltung der eigenen lebenswichtigen Vitalfunktionen, sondern stellten gleichsam eine eigenständige, inflationsfreie Währung dar. Sinnfreie Mutproben wie etwa das laute Rülpsen bei der Ansprache des Lagerleiters wurden ebenso mit Schokolade vergütet, wie der überaus gefährliche Job des Nachrichtenüberbringers. Als ein solcher Bote hatte man die Aufgabe, erste zarte von schnulziger Liebeslyrik durchtränkte Zeilen auf Papier vom Bungalow der Jungen zur Unterkunft der Mädchen zu befördern. Dabei durfte man sich weder von den durch polnischen Schwarzmarktwodka betrunkenen Betreuern noch vom bissfreudigen Hausmeisterhund erwischen lassen. War der Köter schneller, riss er einem nicht nur den halben Unterschenkel weg, nein, man kam anschließend auch noch in den Genuss der wenig erfreulichen Behandlung durch die Lagerärztin. Die war nämlich wenig begeistert, um 2 Uhr nachts das Sanitätszimmer aufschließen zu müssen und rammte einem gefühl- und gnadenlos zwei Tetanusspritzen ins Bein. „Eine für die Bisswunde und die andere, weil ich müde und stinksauer bin!", wie sie kreischend verlautbarte.

Da ich schon damals nicht unbedingt zu den schnellsten und erst recht nicht zu den lebensmüden Thälmannpionieren zählte, verlegte ich mich auf das Ghostwriting. Das hieß damals noch „Schreib oder es gibt was auf die Fresse" und beinhaltete das Formulieren von möglichst süßen Zeilen, die stets mit der Frage endeten, ob das betreffende Mädchen mit dem vermeintlichen Urheber des Zettelchens gehen wolle. Inhaltlich klang eine solche Anfrage in etwa so: „Liebe Corinna, seit wir im Lager sind, finde ich Dich voll hübsch und nett. Du hast sehr schöne Haare und Du kennst super Witze. Außerdem kannst Du echt gut schwimmen. Ich möchte gern Dein Freund sein. Willst Du mit mir gehen? Kreuze hier an: Ja, Nein, wenn der Sozialismus dereinst siegen wird."

Corinna schrieb dann natürlich wieder etwas zurück und in der Regel entwickelte sich ein reger Briefverkehr, der den sprintstarken Kindern viel Arbeit und noch mehr Schokolade verschaffte. Irgendwann fand jedoch jemand heraus, dass man den aggressiven Hausmeisterhund ebenfalls mit Schokolade gefügig machen konnte. Ab diesem Zeitpunkt spazierten die Jungs und Mädchen zwischen den Bungalows hin und her, ohne von einer räudigen Töle angefallen zu werden. Erich, so hieß der Hund, wurde zusehends träge und fett. Ebenso wie das ganze Land verfiel er Ende der 80er in eine Lethargie, aus der er nicht mehr erwachte.

Neben den ersten, mal mehr und mal weniger schüchternen Liebeleien erfreuten wir uns aber auch noch an ganz anderen Aktivitäten, die heute wie aus der Zeit gefallen wirken: Discoabende, Zeltkino, Nachtwanderung, Lagerfeuer, Schnitzeljagd, Tischtennisturnier, Völkerballturnier, Volleyballturnier, Schacholympiade, Tauziehen, Stelzenlauf oder auch ausgedehnte Wanderungen durch Wald und Flur. Wir hatten meist nichts anderes als Holz und unsere eigenen Finger. Es wurde geschnitzt, geklebt, gefaltet, genäht, geflochten, geknetet und getöpfert als gäbe es kein Morgen mehr. Es entstanden seltsame Skulpturen, nutzlose, aber formschöne Stoffkreationen, völlig dilettantische Theaterstücke, individuell verzierte Wanderstöcke und vor allem Freundschaften fürs Leben oder wenigstens für die Sommerferien.

Das Beste, der Kulminationspunkt eines jeden Ferienlagers war unbestritten der Abend vor der Abreise. Direkt nach dem Abendbrot wurden ein letztes Mal die riesigen Lautsprecherboxen in den Speisesaal geschoben. Wer zu diesem Zeitpunkt noch immer keine Ferienlagerliebe hatte, würde leer ausgehen. So wie ich, in jenem Sommer 1986. Es war nicht etwa so, dass mir keines der Mädchen gefiel. Vielmehr hatte mir der ein Jahr ältere und körperlich überlegene Tobias meinen Schwarm vor der Nase weggeschnappt. Maja war 13 Jahre alt, bildhübsch und hatte süße Grübchen, wenn sie lachte. Es versetzte mir regelrechte Stiche in die Herzgegend, wenn ich nur daran dachte, wie sich Maja und Tobias nach dem Abendbrot beim Engtanz sehr nahekommen würden. Mein allerbester Freund Sven sah mir meine seelischen Qualen an. Ohne zu zögern und ohne Furcht vor Konsequenzen stand er mir bei. Also eigentlich saß er dabei. Auf jeden Fall nutzte er die Bestimmung in der Lagerordnung, dass alle Kinder erst dann den Speisesaal verlassen dürfen, wenn auch der Letzte mit dem Essen fertig ist.

Sven aß an diesem Abend zu meinem und natürlich auch zu seinem eigenem Vergnügen sehr lange und äußerst langsam. Nachdem er die sechste Scheibe unter größter Anstrengung gegessen hatte, sprangen alle auf und wollten in die Zelte stürmen. Doch Sven griff erneut in den Brotkorb und schmierte sich in aller Ruhe die nächste Teewurststulle. Und dann noch eine. Und noch eine. Bis er bei zwölf Scheiben und einem leeren Brotkorb angekommen war. Natürlich hat er den Discoabend und den anschließenden Engtanz von Tobias und Maja nicht verhindert, aber immerhin um fast zwei Stunden hinausgezögert und auf eine Stunde verkürzt. Ich habe an diesem Abend das erste Mal in meinem Leben erfahren, was Loyalität und Freundschaft bedeuten und dass man sich dafür ruhig mal zum Idioten machen darf. Auch vor 150 Kindern im Ferienlager. Und das, liebe Freunde, habe ich in den folgenden Jahren dann auch mehr als ausgiebig getan.

Ferienlagerlied – Heladiladio

Scheisse auf dem Autodach - Heladiladio
wird bei hundertachtzig flach - Heladiladio.

Scheisse in der Badehose - Heladiladio
gibt im Schwimmbad braune Sauce - Heladiladio.

Scheisse in den Einkaufstaschen - Heladiladio
hält die Kinder ab vom Naschen - Heladiladio.

Scheisse auf dem Fahrradreifen – Heladiladio
gibt beim Bremsen braune Streifen - Heladiladio.

Scheisse auf der Friedhofsmauer - Heladiladio
stört den Pfaffen bei der Trauer - Heladiladio.

Scheisse in des Hutes Rand - Heladiladio
fällt beim Grüßen in die Hand - Heladiladio.

Scheisse auf der Kirchturmspitze - Heladiladio
sieht schlecht aus und stinkt bei Hitze - Heladiladio.

Scheisse in der Kuchenform - Heladiladio
verändert den Geschmack enorm - Heladiladio.

Scheisse in der Lampenschale – Heladiladio
gibt gedämpftes Licht im Saale - Heladiladio.

Scheisse in die Luft geschossen - Heladiladio
gibt bei Regen Sommersprossen - Heladiladio.

Scheisse in der Manteltasche - Heladiladio
ist die neue Modemasche - Heladiladio.

Scheisse auf dem Mädchenbusen - Heladiladio
hält die Jungens ab vom Schmusen - Heladiladio.

Scheisse auf dem Sofakissen - Heladiladio
lässt Gemütlichkeit vermissen - Heladiladio.

Scheisse in der Tageszeitung - Heladiladio
sorgt für weiteste Verbreitung - Heladiladio.

Scheisse auf dem Tellerrand - Heladiladio
wird als Senf nicht anerkannt - Heladiladio.

Scheisse im Trompetenrohr - Heladiladio
gibt Sommersprossen für den Chor - Heladiladio.

Scheisse am Verkäuferkittel - Heladiladio
ist kein gutes Werbemittel - Heladiladio.

Scheisse in der Waschmaschine - Heladiladio
ist ein Fall für Klementine - Heladiladio.

Scheisse durch das Sieb geschossen - Heladiladio
gibt die schönsten Sommersprossen - Heladiladio.

Scheisse auf der Kirchturmspitze - Heladiladio
fällt dem Pfarrer auf die Mütze - Heladiladio.

Scheisse in der Wasserleitung - Heladiladio
stört die Essenzubereitung - Heladiladio.

Scheisse auf der ISO-Rolle - Heladiladio
macht das Zelten nicht so dolle - Heladiladio.

Scheisse auf des Mannes Zipfel - Heladiladio
das ist doch der allerhöchste Gipfel - Heladiladio.

Scheisse auf den Kühlerhauben - Heladiladio
Stammt, wenn nicht von dir, von Tauben - Heladiladio.

Scheisse auf den Kinositzen - Heladiladio
bringt die Reinmachfrau ins Schwitzen - Heladiladio.

Scheisse aus erwachsenen Mündern - Heladiladio
hört man wieder von den Kindern - Heladiladio.

Scheisse in der Aktentasche - Heladiladio
schützt vor Stoß die Thermosflasche - Heladiladio.

Scheisse an der Fahnenstange - Heladiladio
blättert ab und hält nicht lange - Heladiladio.

Scheisse in der Tortenform - Heladiladio
hilft dem Aroma ganz enorm - Heladiladio.

Scheisse im Trompetenrohr - Heladiladio
kommt bestimmt sehr selten vor - Heladiladio.

Scheisse auf der Kirchturmspitze - Heladiladio
bröckelt ab bei großer Hitze - Heladiladio.

Scheisse auf der Penisspitze - Heladiladio
zeugt von einer falschen Ritze - Heladiladio.

Scheisse an der Sackbehaarung - Heladiladio
zeugt von edler Männerpaarung - Heladiladio.

Scheisse auf dem Butterbrot - Heladiladio
ersetzt Nutella in der Not - Heladiladio.

Scheisse auf der Fußballmauer - Heladiladio
so empfängt man Beckenbauer - Heladiladio.

Hier folgt ein interaktiver Teil im Buch, liebe Leserinnen und Leser. Ergänzen Sie in der Folge das kleine Volkslied gern durch eigene Kreationen:

________________________________ - Heladiladio
________________________________ - Heladiladio.

________________________________ - Heladiladio
________________________________ - Heladiladio.

________________________________ - Heladiladio
________________________________ - Heladiladio.

Jörg Schwedler

Die Altmark damals & heute

Um direkt zu Beginn eine Verwechslung auszuschließen: Das Auenland ist eine waldreiche Region, die sich östlich an den Brandywein schmiegt und im Nordwesten von Mittelerde liegt. Die Altmark ist eine waldreiche Region, die sich östlich an die Elbe schmiegt und im Nordwesten von Mitteldeutschland liegt. Und auch wenn es bei der Garstigkeit mancher Einwohner weitere Übereinstimmungen gibt, hat das Auenland nichts mit der Altmark zu tun. Das sieht man schon an der Wirtschaft. Während das Auenland in Ringen und Alter Toby macht, setzt die Altmark alles auf weiße Stangen, die aus dem Boden wachsen. Da ist zum einen der Spargel und zum anderen sind es die Windräder. Viele Windräder. Sehr, sehr viele Windräder. In der Altmark muss man beim Spazierengehen stets konzentriert sein.

Ansonsten ist die Altmark eher unauffällig. Und das ist Absicht. Wenn man die Region etwas näher betrachtet, merkt man, dass sie es faustdick hinter den Bäumen hat. Das fing schon sehr früh an. Auch wenn sich die Berliner heute gerne ein Ei auf ihre Stadt und auf ihren Dialekt pellen, sollte man bedenken, dass es Berlin ohne die Altmark gar nicht geben würde. Albrecht der Bär war es schließlich, der aus der Altmark heraus die Gebiete Brandenburg und Berlin eroberte, kultivierte und bewohnbar machte, was Berlin noch heute zum Speckgürtel der Altmark macht. Albrecht der Bär bewies schon damals eine unglaubliche Weitsicht. Wusste er doch, dass es der Altmärker gerne etwas ruhiger und idyllischer hat, was ihn schon zu seiner Zeit dazu bewegte, mit Berlin ein Auffangbecken für nervige Schwaben zu schaffen, welches bis heute Gültigkeit hat.

Nicht umsonst bezeichnete der Altmärker Otto von Bismarck diese Region als die Wiege Preußens. Zugegebenermaßen merkt man heute beim Spaziergang durch die altmärkischen Wiesen und Wälder nicht viel davon, dass diese Region entscheidend zur Entstehung von Deutschland beigetragen hat. Dazu muss man etwas tiefer in die Materie eintauchen, aber die Anzeichen gibt es überall. Manch einer mag sich vielleicht fragen, warum man zum Beispiel in der altmärkischen Provinz Düsseldorf noch heute diesen seltsamen berlinähnlichen Dialekt spricht. Oder warum Fußballvereine wie M'gladbach oder Dortmund das Borussia im Namen tragen. Oder warum die deutsche Nationalmannschaft den Adler im Emblem trägt. Nichts davon hätte es heute ohne die Altmark gegeben.

Selbst mein klitzekleiner Heimatort Eichstedt brachte nicht nur berühmte Lesebühnenautoren, sondern auch Afrikaforscher wie Gustav Nachtigal hervor. Der Mann gilt heute als einer der weltweit bedeutendsten Afrikaforscher. Oder nehmen wir Winckelmann. Wer kennt heute noch Winckelman? Dieser Typ gilt als Begründer der Archäologie und der Kunstgeschichte und so ganz nebenbei hat er auch den Klassizismus im deutschsprachigen Raum begründet. Dieser kleine, schwule Altmärker wurde sozusagen beim Italienurlaub vom Papst zum Oberaufseher für die römischen Altertümer ernannt. Leute wie Schiller, Lessing, Hölderlin und Goethe waren Winckelmanns Groupies. Der französische Schriftsteller Stendhal verehrte ihn so sehr, dass er sich nach Winckelmanns Geburtsort Stendal benannte und für zwei Jahre in die Altmark zog. Freiwillig! Er prägte sie und ihre Werke. Nicht nur in der italienischen Reise kommt er vor. Goethe widmete ihm 1805 das Buch „Winckelmann und sein Jahrhundert“ - Er hätte auch schreiben können „Die Altmark und ihr Jahrhundert“.

Noch heute fragen sich viele Leute, wieso es ausgerechnet in der Altmark sieben Hansestädte gab, warum Fontane mit seiner Grete Minde hier durch die Beete trampelte, warum noch heute in jedem Dorf ein Schloss steht und warum sogar Kaiser dort residierten. Die einfache Antwort darauf lautet: weil wir es einfach draufhaben. Das und wahrscheinlich ein bisschen auch der Umstand, dass wir noch heute in der Altmark die älteste Biermarke der Welt haben.

Und damit keine Langeweile aufkommt, gönnt man sich in der Altmark auch gerne mal etwas Abwechslung. Allein fünf Hanse-Mitgliedschaften und etliche Münzrechte hat man zum Beispiel 1488 verloren. Die Begründung dafür war übrigens ein blutiger Aufstand in der kompletten Altmark, der brutal niedergeschlagen werden musste, weil eine Biersteuer eingeführt wurde. Bei Bier hört der Spaß für die Altmärker auf. Das ist heute noch so.

Überhaupt, wenn man sie nicht kennt, gestaltet sich der Umgang mit den Altmärkern manchmal recht schwierig. Das liegt daran, dass ein Teil der Bewohner extrem stur sein kann und eine gewaltige Skepsis gegenüber allen Dingen, Sachen und Personen besitzt. Der andere Teil gilt übrigens als sehr reiselustig, tolerant und extrem feierfest. Dummerweise weiß man vorher nie genau, welches Exemplar gerade vor einem steht.

Manchmal wird man als Fremder auch durch die Sprache abgeschreckt. Aber das muss wirklich nicht sein. Darum gibt es von mir zur Völkerverständigung hier ein paar altmärkische Sprachbeispiele und deren wahre Bedeutung:

„**Ey, ick hab ey jesacht!**" - Dieser manchmal bedrohlich wirkende Ruf soll dem Gegenüber zeigen, dass für die folgende Konversation etwas mehr Aufmerksamkeit von Nöten ist. Der Ruf ist vergleichbar mit dem Klopfen an Gläsern vor einer wichtigen Rede.

„**Haun um!**" - Dieser oft bei Fußball vorkommende Ausruf sagt aus, dass der Trainer oder der Zuschauer mit dem Abwehrverhalten des eigenen Spielers nicht einverstanden ist.

Oft folgt dem Ausruf „**Haun um!**" ein kräftiges „**Dat mein ick!**" - mit diesem allgemeinen Satz zeigt der Altmärker, dass er der vorangegangenen These vollständig zustimmt.

„**Du alte Brandkanne!**" - Auch dieser häufig in der Altmark genutzte Spruch wird oft missverstanden. Seine wahre Bedeutung möchte ich darum an dieser Stelle und am eigenen Beispiel erklären. Wenn es zum Beispiel beim Auftakt eines Gespräches heißt „**Schwedler, du alte Brandkanne!**“, dann ist damit ausschließlich gemeint: „Herr Schwedler, es freut mich wirklich ungemein, Sie mal wieder hier begrüßen zu dürfen!“

Und zu guter Letzt der Spruch, der schon von jeher für die meisten Missverständnisse sorgt:

„**Ey, ick scheuer dir eene!**“ - Mit diesem, auf Besucher oft befremdlich wirkenden Ausspruch „**Ey ick scheuer dir eene!**“ möchte der Altmärker darauf hinweisen, dass er nicht zur vollen Gänze die Meinung des Gesprächspartners teilt. Ins Hochdeutsche übersetzt hieße der Satz ganz einfach: „Entschuldigen Sie bitte, da bin ich mit Ihrer Meinung nicht ganz **d'accord**!“

Man sieht also, dass wenn man über die Sturheit der Altmärker hinwegschaut, sich mindestens zweimal komplett unter den Tisch saufen lässt und auch die sprachliche Barriere bewältigt, man mit Gründern von Deutschland auch heute noch eine Menge Spaß haben kann. Probiert es mal!

Dominik Bartels

Sammelsurium

Eines muss man im Rückblick einfach mal deutlich sagen: In den 1970er- und 80er-Jahren herrschte in unserer sozialistischen Heimat nicht etwa eine Versorgungskrise, nein, es handelte sich vielmehr um ein Versorgungsvakuum. Das Gute an der damaligen Situation ist, dass ich mir an dieser Stelle eine Aufzählung dessen sparen kann, was im täglichen Leben entweder gar nicht oder nur sehr begrenzt vorhanden war. Es fehlte nämlich schlichtweg an allem. Der sichtbare Mangel an innovativer Technik, Ersatzteilen, leckeren Nahrungsmitteln und Fassadenfarbe sorgte zwar dafür, dass DDR-Bürger ganz allgemein als hochqualifizierte Improvisationskünstler galten. Auf solch einen Titel kann man aber auch gut und gern verzichten. Fakt ist, dass der Trabant stolze 28 Jahre nicht weiterentwickelt wurde. Ein wohl einmaliger Entwicklungsstand in der weltweiten Automobilgeschichte. Genauso wie der Umstand, dass ein Gebrauchtfahrzeug auf dem Schwarzmarkt etwa doppelt so teuer war wie ein Neuwagen. Beim Autokauf galt die Regel: Entweder man hatte einen langen, sehr langen, also im Grunde jahrelangen Atem oder wenigstens viel Geld, vorzugsweise natürlich Devisen. Fakt ist außerdem, dass wir zwar einen tollen Farbfernseher aus russischer Produktion mit dem Namen „Raduga“ besaßen, dieser aber mehr in der Werkstatt als in unserer Wohnstube stand. Im Grunde war er entweder kaputt oder brannte und qualmte aus seiner Abdeckung heraus. Vorzugsweise immer dann, wenn man versuchte, ihn länger als 30 Minuten in Betrieb zu halten. Nicht umsonst hieß der Werbespruch des Raduga hinter vorgehaltener Hand: „Wohnungsbrand aus Freundesland“.

Für uns Jugendliche war es in dieser Zeit fast unmöglich, subversiv tätig zu werden. So erinnere ich mich noch genau, dass wir etwa 25 Mal den amerikanischen Film „Beat Street“ im Kino sahen und anschließend beschlossen, selbst eine ostdeutsche Graffiti-Szene aufzubauen. Während man in den amerikanischen Vorstadt-Ghettos die Züge mittels Spraydosen und farbiger Riesenfilzstifte verschönerte, konnten wir lediglich mit bunter Kreide unserer ungebremsten Kreativität frönen. Und trotz unserer schlechten Nachahmungsversuche sahen die Güterzüge der Deutschen Reichsbahn plötzlich viel freundlicher und lebensbejahender aus, wenn sie durch die Lande zuckelten. Bis, nun, bis es regnete … Es waren vergängliche Meisterwerke. Kreide auf Alteisen. Kreide auf bröckelnde Betonmauern. Kreide auf rissigen Asphaltflächen. Das Ganze erinnerte stark an Hochzeiten von Lothar Matthäus – es war einfach nicht von Dauer.

Überhaupt prägten uns das Fernsehen und das Kino in ganz besonderer Weise. Wir bauten die Klappräder der Großeltern zu BMX-Gefährten um, ließen unsere Mütter Fahnen nähen, die uns als Bande von Sandokan, dem Tiger von Eschnapur, ausweisen sollten, schraubten mit minimalen physikalischen Kenntnissen abenteuerliche Lichtorgeln zusammen, welche unsere Pionierdisko aufwerten sollten. Hinweis an dieser Stelle:

Glühbirnen mit Wasserfarbe einzupinseln, um buntes Licht zu erzeugen, funktioniert nicht. Wir sahen so viele Dinge, die im Westen scheinbar selbstverständlich und mühelos zur Verfügung standen, dass unser Eifer, es diesen Vorreitern in Sachen Coolness gleich zu tun, zuweilen seltsame Blüten trieb.

Eine dieser schillernden Blüten war die unfassbare Sammelwut aller Ostdeutschen. So gut wie jeder DDR-Bürger sammelte und hortete eine bestimmte, absonderliche und vor allem völlig unnütze Sache, vorzugsweise aus dem kapitalistischen Ausland. Diese Leidenschaft mag heute schwer nachzuvollziehen sein, aber damals stand sie wohl sinnbildlich dafür, dass man den Kampf gegen den Mangel eben doch gewinnen konnte. Jeder hatte von irgendwelchen abstrusen Dingen mehr als genug. Dass es sich hierbei meist um Gegenstände handelte, die ohnehin niemand anderes haben wollte, spielte dabei keine Rolle.

In meiner Clique gab es gleich mehrere Jugendliche, die sich nicht mit einer Münz-, Briefmarken- oder Indianerfiguren-Sammlung zufriedengaben. Marco widmete sich beispielsweise Zigarettenschachteln aus aller Welt, Tino wiederum hortete Unmengen von Bravo-Postern, die er zu horrenden Preisen auf den Schwarzmärkten erwarb oder einfach von jüngeren Schülern mittels roher Gewalt erpresste, Conny blickte stolz auf ihre drei Schuhkartons, die bis oben mit diversen Aufklebern gefüllt waren, Sven versuchte in jenen Jahren alle Kugelschreiber dieser Welt in seinen Besitz zu bringen, Heiko entwickelte ein Faible für Matchbox-Autos, Corinna begeisterte sich für das Silberpapier, welches um Schokoladenfiguren gewickelt wurde. Sie strich es ganz glatt, presste es zwischen dicken Büchern und stecke es dann in ein selbstgebasteltes Album. Das Aluzeug, welches einst die gute Westschokolade verhüllte, wurde zudem luftdicht in Plastiktüten verpackt, damit der Duft erhalten blieb. Es gibt noch viele andere Beispiele für die unbegrenzte Anzahl an kuriosen Sammelgebieten. Hanuta- und Duplo-Bilder, Knöpfe, Anstecker, leere Getränkedosen, Seifen, Shampoo-Flaschen, Fußballwimpel und Fußballgläser, Radiergummis, Plastiktüten, Kronkorken, Bierdeckel, Postkarten usw. usw. Sogar die Staatssicherheit sammelte wie verrückt … nämlich Daten über die eigenen Bürger.

Doch eine der spektakulärsten Sammlungen besaß mein Freund Maik. Na ja, eigentlich war es eher sein Vater, der die Miniatur-Schnaps- und Likörflaschen sammelte. Durch die ganze Plattenbauwohnung zog sich in etwa zwei Metern Höhe ein Regalbrett, auf welchem die verschiedensten Spirituosen in winzigen 0,1 Liter-Flaschen aufgereiht waren. Rum aus Kuba, Wodka aus Finnland, Whiskey aus Schottland, Liköre aus Österreich, Bulgarien oder der CSSR. Insgesamt wahrscheinlich 200 Liter Alkohol verteilt auf über 2.000 Flaschen. Immer wenn seine Eltern nicht da waren und wir den unter ihm wohnenden Parteisekretär ärgern wollten, spielten wir Pionier-Rugby. Die Regeln waren sehr simpel. Mittels geschickter Drehungen und anderer Tricks oder aber durch robusten Körpereinsatz musste man versuchen, das Spielgerät durch eine der angrenzenden Türen zu bugsieren. Das Spiel war zu Ende, wenn man 10 Punkte erreicht hatte oder einer blutete. Waren harte Zeiten damals, wir hatten ja nüscht, außer unsere Körper. Apropos „wir hatten ja nüscht". So etwas wie einen Ball gab es natürlich nicht. Das Match wurde mit einer zusammengerollten Socke gespielt, was gelungene Spielzüge nicht einfacher machte. Wenn wir aufeinander zustürmten, vibrierte die gesamte Plattenbaukonstruktion bis runter in den Keller und unser Wutgeheul wurde durch den ganzen Hausflur getragen.

Doch bevor die vorpubertäre Auseinandersetzung überhaupt starten konnte, mussten wir uns erst darauf einigen, welchen Verein wir repräsentieren wollten. In unserem ebenso undurchsichtigen wie kreativem Auswahlverfahren ging es in erster Linie darum, die Mannschaft mit dem lustigsten Namen zu wählen. Wir wetteiferten darum, Teams wie Aktivist Schwarze Pumpe, Rotes Banner Trinwillershagen, BSG Obertrikotagen Apolda, SG Horch Zwickau, Waggonbau Dessau, Aktivist Brieske Senftenberg, Chemie Buna Schkopau, Anker Wismar, Sturmvogel Parow, Goldfisch Oberlungwitz, Flügelrad Salzwedel, Plattenbrüche Theuma, Stahl Fackel Mosel, Qualität Guben, Kernkraftwerk Greifswald, BSG Chemie PCK Schwedt, Lok Armaturen Prenzlau, Hydraulik Parchim, Kali Werra Tiefenort oder auch Aufbau Deutsche Kühl- und Kraftmaschinen Krumhermersdorf in die Schlacht zu führen. Da wir uns jedoch nie einigen konnten, welcher Vereinsname der lustigere war, kam Maik eines Tages auf die Idee, die ganze Sache durch die Schnapsflaschen seines Vaters entscheiden zu lassen. Jeder von uns wählte in der Folge fünf Fläschchen vom Regal. Wir waren 12 und die Spielregeln einfach. Wer zuerst kotzt, hatte verloren. Im Nachhinein vermute ich, dass Maik bereits einige Trainingseinheiten hinter sich hatte. Während er nämlich den Rum aus der Karibik und den Wodka aus Skandinavien ohne Probleme in seinen Körper schüttete, wurde mir vom Marillenlikör aus Österreich ganz übel. Der Calvados aus Frankreich gab mir dann den Rest. Ich kotzte gleich in den Flur, also praktisch aufs Spielfeld und hatte damit verloren. Maik hingegen kippte sich noch den belgischen Himbeergeist hinter das Zäpfchen, kam anschließend beim Match als Robotron Sömmerda mit 10:2 unter die Räder und mit einer Platzwunde über dem rechten Auge in die Notaufnahme. Einige Tage später füllten wir die formschönen Miniaturflaschen einfach mit Wasser auf und stellten sie wieder ins Regal.

Ich könnte nun an dieser Stelle mit einer tollen Moral die Geschichte beenden. Aber im richtigen Leben wiederholen wir unsere Fehler doch einige Male nur deshalb, um wirklich sicherzugehen, dass nicht etwa nur Pech im Spiel war. Es braucht eben oft einige Anläufe, um zu verstehen, dass es tatsächlich besser ist, um die Wand herumzugehen, statt immer wieder dagegen zu laufen. Oder, um es konkreter auszudrücken: Als die DDR Ende der 80er-Jahre am Ende war, befand sich in den meisten Fläschchen der spektakulären Sammlung von Maiks Vater nichts anderes als Wasser.

Dominik Bartels

Es war ja nicht alles … gut!

Wie oft hört man den Satz: „Früher, da war das alles noch einfacher, übersichtlicher und … besser!“ Wir Ossis garnieren diesen Ausspruch stets mit dem Zusatz: „Und wir hatten ja nüscht!“ Wir hatten ja nüscht - gilt als die universelle Ausrede für alles Mögliche. Mit 14 den ersten Sex, mit 18 das erste Kind, mit 21 die erste Scheidung … und mit knapp 40 das erste Auto – na ja, wir hatten ja nüscht! Dabei gab es Dinge, die hatten wir wirklich im Überfluss. Zum Beispiel Arbeit. Und daneben gab es eben viele Sachen, die Mangelware gewesen sind. Zum Beispiel Arbeitskräfte. In der DDR herrschte chronischer Arbeitskräftemangel. Das hört sich vielleicht witzig an, ist aber eine Tatsache. Arbeitskräfte waren genauso eine Mangelware wie beispielsweise Bananen oder Jeanshosen oder auch Raufasertapete.

Und was tut nun eine Regierung, die eher Probleme mit der Ab- als mit der Zuwanderung hat? Nun, sie fördert beispielsweise ganz gezielt die Produktion von Nachwuchs. In der DDR lief das in etwa so ab: Wollte man als junger Erwachsener endlich auf eigenen Beinen stehen und dem 8 Quadratmeter Kinderzimmer des elterlichen Zuhauses entfliehen, dann brauchte man nicht etwa Geld oder einen Job oder die Patenbrigade als Umzugshelfer, NEIN, man brauchte einen Sexualpartner, einen Menschen, der mit einem durchs Leben gehen wollte, jemanden, mit dem man gemeinsam den Sozialismus und noch dazu die eigene Libido aufbauen konnte. Wohnungen gab es nämlich nur für Genossen, die verheiratet waren. Noch bessere Chancen auf eine Kemenate in irgendeinem heruntergekommenen Altbaudachgeschossanbau besaß, wer ein Kind erwartete oder noch besser sogar schon eins sein Eigen nennen konnte. Wohnungen waren nämlich auch Mangelware. Mit der Heirat gab es dann den sogenannten Ehekredit, ein Darlehen von ein paar Tausend Mark, mit dem man sich die Wohnung schön einrichten konnte. Also entweder mit einer Waschmaschine oder mit einer Anbauwand oder mit einer Couchgarnitur. Was es eben gerade gab. Ihr erinnert euch – wir hatten ja nüscht. In der DDR gab es nicht mal eine Sperrmüllabfuhr! Warum auch? In unserer sozialistischen Heimat konnte jeder einfach alles gebrauchen oder kannte jemanden, der etwas brauchte und dafür etwas hatte, was man selbst suchte oder wo man wusste, dass dieses oder jenes generell sehr begehrt und knapp war. Und da im Grunde alles knapp war, blühte der Tausch- und Gefälligkeitshandel wie im frühen Mittelalter.

Um den staatlichen Kredit zurückzuzahlen, hatte man einige Jahre Zeit. Oder man setzte noch mehr Kinder in die Welt und verminderte so die Restschuld. „Abkindern“ wurde das im Arbeiter- und Bauernstaat genannt. Oft genug verweisen die Ostalgiker auf die Rolle der Frau in der DDR. Ganz modern war das damals und so fortschrittlich. Fast 80% der Mütter waren erwerbstätig. Toll, oder? Das war jedoch weniger ein Sieg des jungen Feminismus als schlichtweg eine ökonomische Notwendigkeit. Die Arbeiterinnen und Bäuerinnen wurden in der Produktion, in den Betrieben, den LPG´s und

Kombinaten gebraucht. So sah es in Wirklichkeit aus. Und weil der Staat viele Kinder forderte, die Mütter aber möglichst schnell wieder zum Arbeitsplatz zurückkehren sollten, baute man ein weltweit einzigartiges Betreuungsangebot aus. Jedes Kind konnte in die Krippe oder den Kindergarten. Quoten gab es für diesen Bedarf nicht. Das bedeutet ganz einfach: Das Betreuungsangebot in der Bundesrepublik wäre schon lange auf dem Ostniveau, wenn es dafür eine wirtschaftliche Notwendigkeit geben würde.

Ich selbst war, wie fast alle DDR-Kinder, auch in der Krippe und dann im Kindergarten und später sogar in der Schule. Wenn ich eine Sache in Krippe und Kindergarten gehasst habe, dann war es der tägliche, verpflichtende Mittagsschlaf auf den ultraharten Holzklapppritschen. Da lagen die ganzen Nachwuchsgenossen im Schlafsaal dicht an dicht auf matratzenlosen Spanplatten und mussten nach der Mittagsspeisung eine Stunde ruhen. Auch wenn man, wie ich, gar nicht müde war und lieber spielen wollte. Da hatte man dann als Jungpionieranwärter nur zwei Möglichkeiten: Entweder man simulierte mit geschlossenen Augen einen tiefen Schlaf und machte sich Gedanken darüber, warum der doofe Heiko immer die schöne, gelbe Schaufel bekam oder man störte die anderen Kinder beim Schlafen und ließ sich in die Küche zu den Essensfrauen verbannen. Ansonsten war es im Kindergarten aber doch ganz schön. Der ganz große organisierte Wahnsinn begann erst in der Schule, genauer gesagt mit der Ernennung zum Pionier. Ab diesem Zeitpunkt wurde einem ständig von allen Seiten erzählt, wie sich ein Pionier verhält, was er wann, warum und wie tut, dass er ein total fetziger Zeitgenosse ist, eine wichtige Stütze des Sozialismus und dass die ganze DDR stolz auf ihre Pioniere blickt und man sie auch braucht, um den bösen kapitalistischen Erzfeind in Schach zu halten.

Um diesen Aufgaben gerecht zu werden, musste man als Pionier allen möglichen Schwachsinn über sich ergehen lassen, den viele meiner ehemaligen Mitstreiter noch heute mit: „Och, das war schon schön und wir waren doch auch so eine tolle Gemeinschaft. Und das alles mit so wenig Geld. Wir hatten doch nüscht“ bezeichnen. Nein, Freunde, Kranzniederlegungen, Altstoffsammlungen, Besuch bei der Patenbrigade, Briefe an irgendwelche russischen Klappsköpfe, Arbeitseinsätze bei der Kartoffelernte, Schießübungen bei der GST und die Teilnahme an den Aufmärschen zum 1. Mai, dem Tag der Republik oder einem anderen Feiertag waren nicht cool und Ausdruck einer schönen Kindheit. Das war einfach nur scheiße! Ich habe diese ganze organisierte Freizeitkasperei gehasst. Diese Appelle, dieses Pionierbluse tragen, dieses dämliche Kampflieder trällern. Mal im Ernst, was soll das für ein friedliebender Staat sein, wo irgendwelche 10-jährigen die braven Soldaten der Volksarmee besingen, die den Klassenfeind mit Panzern und Gewehren oder mit der bloßen Arbeiterfaust zerschmettern? Mich hat das total angekotzt, ich wollte nur Fußball spielen. Jeder Pionier-, Heimat- oder Altstoffsammlungsnachmittag kostete mich wertvolle Trainingszeit. Kein Wunder, warum die DDR nur einmal bei der Fußball-WM dabei war. Wo sollten die Weltstars denn herkommen, wenn die ganzen Nachwuchskicker bei alten Omis und Opis klingeln mussten, um zu fragen, ob sie alte Flaschen, Gläser oder Papier haben? Der Messi, der Ronaldo und der Özil, die sind in ihrer Kindheit bestimmt nicht mit dem Wippchen zur SERO-Annahmestelle gefahren, um Altglas und Lumpen abzugeben. Die haben am 1. Mai wahrscheinlich nicht schon um 05.30 Uhr müde und frierend mit einem dämlichen Transparent in der Hand auf irgendeiner heruntergekommenen Kopfsteinpflasterstraße am Rande der Stadt darauf gewartet, dass sich der gesamte Zug vier Stunden später dann doch endlich mal in Gang setzt. Nur um dann wie ein Obertrottel an einer provisorischen Tribüne mit lauter alten Leute vorbeizumarschieren, die wie demenzkranke Waschbären zerrupfte Nelken hin- und herschwenken. Auch jetzt noch, 30 Jahre später, frage ich mich, wie vollkommen bescheuert man sein musste, um diesen unglaublich schlechten Karneval mitzumachen … und das auch noch ohne Kostüme und völlig nüchtern. Diese Paraden fand ich schon als Kind und Jugendlicher so vollkommen surreal und affig, dass ich stets alles daran setzte, mich irgendwie zu verpissen.

Noch viel mehr als die Kundgebungen hasste ich jedoch die verschiedenen Arbeitseinsätze, die wir Jugendlichen unter allerlei Deckmänteln absolvieren mussten. So gab es damals beispielsweise ein Schulfach mit der Bezeichnung Produktive Arbeit. Alle zwei Wochen wurden wir in einen schuhverarbeitenden Betrieb gekarrt, wo wir dann 6 Unterrichtsstunden die Produktion von Römersandalen ankurbelten. Ich weiß bis heute nicht so recht, wo da genau der pädagogische Ansatz zu finden war. Aber es gab tatsächlich Schulnoten auf die Herstellung von Römersandalen! Man muss sich das mal vorstellen, Karrieren als Herzchirurg oder Neurowissenschaftlerin scheiterten daran, dass sich intelligente Jungsozialisten ihren Zeugnisschnitt beim Zusammenklöppeln von Römersandalen versaut hatten. Eine berufliche Laufbahn als erfolgreicher Architekt scheiterte nur deshalb, weil so ein armer Wicht mit seinen ungelenken Wurstfingern keine zwei Lederriemen aneinandertackern konnte. Was für ein volkswirtschaftlicher Unsinn.

Ich meine, ganz ehrlich, was hätte ICH nicht alles werden können, wenn ich nicht diese verdammte 4 in Produktiver Arbeit auf dem Zeugnis gehabt hätte. Herzchirurg, Neurowissenschaftler, Architekt … mindestens. Stattdessen, und das ist kein Witz, Freunde, begann ich nach der Wende eine Ausbildung zum Kaufmann und zwar … in einem Schuhfachhandel. Schließlich gehörten Römersandalen zu meinen Kernkompetenzen.

Jörg Schwedler

Simson S 51 - Full Metal Schutzblech

Der Tresen der Dorfdisko schmiegte sich nach dem etwa fünften Bier an unsere Körper. Der DJ spielte wie immer die gleiche Musik. Dies war zu einer Zeit, als DJs noch Ansagen zu den Songs oder der Situation auf der Tanzfläche machten, als sie noch versuchten, hinter dem Pult zu tanzen und nicht nur mit Kopfhörer am Ohr zum Beat nickten. Wie immer standen die gleichen Mädchen in seiner Nähe, himmelten ihn an und wünschten sich „Girls just wanna have fun“ von Cindy Lauper. Als wenn er diesen Song nicht sowieso gespielt hätte. Jede Woche dieselbe Musik und dieselben Menschen. Das Einzige, was sich in den letzten Monaten geändert hatte, war eine Nebelmaschine, die für den Kneipensaal ein Riesen-Update war, und dass wir nicht mehr mühsam mit dem Moped anreisten, sondern mit Bemme. Bemme hatte einen Führerschein, einen feinen 16hunderter Lada und mochte uns irgendwie. Zudem durfte er harten Alkohol kaufen, was für die Anreise zum Kneipensaal ein Riesen-Update war.

Der DJ spielte gerade „Love is a Shield“, als es aus Peter herausbrach: „Alta, wir müssen hier ma raus!“, rief er bierlaunig, aber voller Überzeugung. Ich stutze. Um an die gegenüberliegende Friedhofsmauer zu kotzen, war es noch viel zu früh. Auch für Rauchen mit Varieté, also der obligatorischen Prügelei zwischen den jugendlichen Bewohnern von Dorf A und Dorf B, wobei A und B zur Abwechslung aller Zuschauer wöchentlich rotierten, war es noch nicht die richtige Zeit. Ich schaute ihn also fragend an. Er ließ seinen Blick über den Saal schweifen: „Mal wat anderes sehn“, sagte er und deutete kopfschüttelnd auf Bemme, der sich gerade zum wiederholten Male eine Abfuhr von Mandy Prause abholte.

Die Geschichte der beiden stellte Shakespeares „Romeo und Julia“ in den Schatten eines abgegriffenen Groschenromans. Mit 15 verliebte sich Bemme in Mandy. Sie stand aber nur auf Typen mit Moped. Als er ein Jahr später nach dem dritten Versuch endlich den Lappen in der Hand hielt, stand sie bereits auf Typen mit Auto. Und als er schließlich 18 war und voller Stolz in seinem mit Golfringen verzierten Lada vorfuhr, stand Mandy nur auf Typen mit Westauto. Es war ein Drama.

„Dänemark!“ rief Peter plötzlich, „nur wir beede und die Böcke“, wobei er mit den Böcken unsere Mopeds vom Typ Simson S51 meinte. Er hielt mir sein Glas vor die Nase und ich klopfte das Ding im klassischen Bier-Blues ab, was nicht nur eine bescheuerte Idee, sondern durch das Abklopfen sozusagen auch notariell bestätigt war. Ich erhöhte die Schlagzahl der Getränke, weil ich zum einen wusste, dass Bemme nach der Abfuhr nicht mehr lange bleiben würde, zum anderen hoffte ich insgeheim, dass Peter die Gehirnzelle, die für seinen Plan zuständig war, noch an diesem Abend vernichten würde. Klappte nicht!

Drei Wochen später stand Peter vor der Tür. Die meisten Klamotten packten wir in Rucksäcke und zurrten den Rest irgendwie an den Mopeds fest. Die Idee, einen Hänger zu nutzen, verwarfen wir nach einer sehr kurzen Testfahrt wieder. Als erstes Ziel hatten wir uns Bredebro ganz im Süden ausgesucht, dann würden wir weiter schauen. Von Osterburg bis Bredebro waren es etwa 400 km. Auf die Autobahnen verzichtet wir, da unsere 3,7 PS-starken Maschinen nur eine Höchstgeschwindigkeit von 60 km/h erlaubten. Wir hatten zwar an dem einen oder anderen Schräubchen gedreht, aber bei unserem Gepäck mussten wir Abstriche machen. Wir kratzten unser letztes Geld zusammen, dann knatterten wir los. Feinster Sonnenschein und ein laues Lüftchen wehte. Hinter Wittenberge bemerkte ich, dass ich noch nie weiter mit meiner Simson von zu Hause weg war. Wir fuhren die Elbe entlang und passierten die ehemalige Grenze. Wir fühlten uns wild und frei und uns tat der Arsch weh. Jetzt schon. Durch das Gewicht hingen die Kisten ziemlich durch. Auch der Benzinverbrauch überschritt die von uns berechneten 2,5 Liter auf 100 KM etwas. Aber das war kein Problem. Wir hatten einen Plan. Immer, wenn wir auf der Strecke nach Dänemark tankten, steckten wir die zu bezahlende Summe nochmal zusätzlich in unsere Tasche. Damit war der Rückweg gesichert. Es gab die eine oder andere Pinkelpause, ansonsten nur Strecke reißen. Unterm Arsch das ewig gleiche monotone Vibrieren. Dass wir unsere Endschalldämpfer zwecks Sound-Verbesserung durch Cola-Dosen ausgetauscht hatten, sollte sich nun rächen. Ich war mir zu diesem Zeitpunkt nicht sicher, ob ich jemals noch Kinder zeugen würde. Auf Höhe Geesthacht war ich mir nicht mal mehr sicher, ob ich jemals wieder Sex haben würde. In Hamburg machten wir einen Abstecher auf die Reeperbahn. Wir knatterten mit unseren Maschinen über die Meile und fühlten uns wie knallharte Nachwuchs-Luden. Trabanten kannte man zu dieser Zeit in Hamburg schon, aber unsere Simsons sorgten doch für einige Aufmerksamkeit. Vor allem die lahmarschigen Mofa-Fahrer staunten nicht schlecht.

Hinter Hamburg bauten wir im Grünen unsere Zelte auf, machten ein Feuer und genossen einen Schluck Goldkrone unterm Sternenzelt. Auf Bier haben wir mangels Platz verzichtet. Nur Nahrungsmittel und Goldkrone war im Gepäck. Zudem Ersatzvergaser, Öl, Zigaretten, ein Zelt und zwei Schlafsäcke. Wechselklamotten wurden sehr sparsam verpackt, wir nahmen uns vor, in der Nordsee zu waschen. Am frühen Morgen ging es dann weiter auf dem direkten, aber sehr langen Weg nach Bredebro. Mit der Vibration hatte ich keine Probleme mehr, da ich zu diesem Zeitpunkt meinen Körper überhaupt nicht mehr fühlte. Wir überquerten die Grenze und schließlich kamen wir in Bredebro und an einem Campingplatz an.
Uns und unseren Ärschen war klar, dass wir diesen Campingplatz unter gar keinen Umständen mehr verlassen würden, also buchten wir für die ganze Woche. Schon beim Aufbau des Zeltes wurde uns eins klar: Es gab auf dem gesamten Gelände nicht einen einzigen Menschen unter 40 Jahren.

Es gab nur Dauercamper. Dänische Dauercamper, die uns interessiert musterten. Nach einem Abstecher zur Nordsee sicherten wir uns eine Feuerstelle, verschlangen einen ungarischen Dosen-Feuertopf und tranken ostdeutsches Feuerwasser. Dabei kam es zum ersten Kontakt mit einem dänischen Einwohner. Er stellte sich als Magnus vor und wir kamen ins Gespräch. Um die bilateralen Beziehungen zu verbessern, erklärten wir ihm, dass Dänemark der wohl sympathischste Europameister aller Zeiten war und hatten den richtigen Nerv getroffen. Wir tranken gemeinsam, obwohl der gemeine Däne sich sehr schwertat mit unserem „Great Stuff from East-Germany". Zu Magnus gesellten sich noch Cecille, Mads, Freja und Erik. Wir wurden über die DDR, unsere Reise und unsere Mopeds ausgefragt und verteilten fleißig Goldkrone. Wir waren die Attraktion des Campingplatzes. Immer mehr Menschen stießen dazu. Es entwickelte sich eine gewaltige Party und die Ostdeutsch-Dänische Freundschaft wurde intensiv gefeiert.

Irgendwann gegen Mittag wachte ich mit einem Kater der Extra-Klasse neben dem Grill auf. Was für eine erste Nacht. Wir waren glücklich. Aus allen Ecken grüßten uns die Leute. Die Euphorie wurde dann aber abrupt gebremst, als wir merkten, dass unser gesamter Essens- und Getränkevorrat den ersten Tag nicht überdauert hat. Das war ein großes Problem, da wir durch die Camping-Kosten auch finanziell nicht mehr gut bestückt waren. Abends saßen wir an der Feuerstelle und machten uns große Sorgen. Wir versuchten bereits auszurechnen, wie viel Sprit wir durch das Weniger an Gepäck auf den Rückweg sparen und ob es sich lohnen würde, das Zelt zurückzulassen, da kam Magnus zur Feuerstelle, begrüßte uns freundlich und stellte Brote, unglaublich leckere Fleischtomaten und zwei Flaschen Wein auf den Tisch. So ging es dann Tag für Tag weiter. Nachmittags verbrachten wir die Zeit am Strand und abends trafen wir uns an der Feuerstelle. Uns wurde berichtet, dass der Campingplatz noch nie zuvor so eine Party wie die am ersten Abend erlebt hatte. Die Dänen dankten es uns und retteten im Gegenzug zwei Ostdeutsche vor dem sicheren Hungertod. Es war ein großartiger Urlaub. Die Rückfahrt war dann wieder die absolute Hölle, aber wie so oft erinnert man sich später nur an die schönen Dinge.

Die Wege von Peter und mir trennten sich irgendwann und das Leben nahm seinen Lauf. Ein paar Jahre später trafen wir uns überraschend wieder. Es war auf der Hochzeit von Bemme und Mandy. Nach ein paar Bier deutete er schmunzelnd auf Bemme und sagte: „Alta wir müssen hier ma raus!"

Ich nickte zustimmend: „Bredebro soll zu dieser Jahreszeit sehr schön sein."

Dominik Bartels

Wie ich einmal beinahe eine total geile Party geschmissen hätte

Ich hätte es ahnen müssen. Als Rico am Telefon vorschlug, mal wieder eine richtig amtliche Party zu organisieren, so wie früher, da hätte ich es ahnen müssen. Doch zu diesem Zeitpunkt war ich der völlig irrsinnigen Meinung, dass zu einer amtlichen Party nicht viel mehr als ausreichend Alkohol, leckere Grillware und anständige Gitarrenmusik gehören. Das war schließlich schon früher so, als wir noch pubertierend und pickelübersät als FDJler in der heimischen Atmosphäre herumoxidierten.

Zugegeben, dieses „früher" ist jetzt schon so einige Jahre her und da verändern sich manche Dinge. Zum Beispiel gab es zu unserer Sturm- und Drangzeit in der DDR noch keinen biologisch abbaubaren und damit ökologisch unbedenklichen Grillanzünder. Wir zapften damals einfach einen halben Liter Sprit aus unseren Mopeds ab und brachten das Feuer damit ordentlich in Gang. Das war nicht ganz ungefährlich. Die Augenbrauen unseres Kumpels Sven sind nach einem kleinen Missgeschick bis heute nicht mehr nachgewachsen. Aber dafür war die Wiederaufforstung des Stadtwaldes erfolgreich. Und auch der Kindergarten steht wieder. Wir brauchten halt nicht viel, um Spaß zu haben. Einfachste Rahmenbedingungen waren bereits Garant für das Gelingen einer zünftigen Fete. Unser ebenso schmächtiger wie schüchterner Gruppenratsvorsitzender Maik legte beispielsweise einzig und allein Wert darauf, dass die eigenwillig geformte Kathrin auch anwesend war. Nicht, dass er darauf gehofft hätte, der suboptimal ausgestatteten Mitschülerin irgendwie näher zu kommen. Das war unmöglich, denn Kathrin sprach mit keinem Jungen. Sie brummte und röhrte auf Fragen nur irgendwelche unverständlichen Laute zurück. Wie so ein asthmakranker Hirsch. Für Maik war es jedoch vielmehr die bloße Anwesenheit dieses finsteren Geschöpfes, die über die Qualität unserer Abendveranstaltungen entschied. Für die allermeisten anderen galt jedoch: Hauptsache Bier, Bratwurst und ordentliche Mucke aus dem Stern Kofferradio SKR 701. Sehr simpel, sehr schlicht und sehr, sehr gut! Zudem ein anerkanntes und einfaches Konzept, dass sich in der Menschheitsgeschichte ebenso bewährt hatte wie das Pinkeln im Stehen oder der Mittelfinger bei Unstimmigkeiten im Straßenverkehr. Und deshalb blieb ich bei der Partyplanung diesem Erfahrungsschatz treu und ignorierte alle gutgemeinten Fragen, Hinweise und subtilen Andeutungen.

Woher sollte ich denn auch wissen, dass man im goldenen Westen mindestens ein Bachelor in Ökotrophologie, also ein Abschluss in Ernährungswissenschaften brauchte, um eine zufriedenstellende Party auf die Beine zu stellen. Das ganze Unheil fing schon mit dieser Email an. Rico schrieb mir, er habe ein Doodle für die Terminfindung erstellt. Ich gebe es zu, bislang war ich der wahnwitzigen Meinung, dass der Termin für eine amtliche Party von demjenigen festgelegt wird, der

Raum und Equipment zur Verfügung stellt. Also von mir. Rico meinte aber, dass viele unserer Freunde und Kumpels jetzt der bürgerlichen Mittelschicht angehören würden und da gebe es einfach bestimmte familiäre und berufliche Verpflichtungen, auf die wir Rücksicht nehmen müssten. Ich dagegen sehnte mich in die gute alte Zeit zurück, wo man sich im Vorbeigehen zubrüllte: „Ey, Samstag Party bei Hotte. Bring was zu futtern mit und sag den anderen Bescheid!“ Und ganz ohne Email-Verteiler, WhatsApp-Gruppe oder Facebook-Einladung saßen am Samstag dann alle bei Hotte in der Bude und feierten eine amtliche Party.

Unsere Doodle-Auswertung nach zwei Wochen ergab folgendes Bild: Stefan konnte am Freitagabend nicht, da er zum Elternabend seines achtjährigen Sohnes musste. Constanze fand den Termin ebenfalls unpassend, weil freitags immer ihr Yoga-Kurs stattfand. Maik, Sven und Susanne fanden den Freitag gut, aber nur wenn es sich um den in der zweiten oder vierten Woche im Monat handeln würde, in den ungeraden hätten nämlich sie die Kinder und ihr Ex-Partner frei. Bei Andreas, Mandy und Yvonne war es genau andersherum. Rene und Anke schrieben, dass das Wochenende grundsätzlich eher schlecht sei, da sie in den Sommermonaten immer zum Campingplatz rausfahren würden. Alle anderen hatten ähnlich spießige Ausreden. So was in der Art von: „Am Samstag besuchen wir immer die Schwiegereltern“ oder „die Wochenenden gehen nicht, da begleiten wir Marvin Jonas doch auf seine Jazz Dance-Wettkämpfe“ oder auch „freitags und samstags kann ich hier nicht weg, Leute, da drehen bei uns im Kleingartenverein immer alle völlig durch." Long story short: Unsere amtliche Party stieg an einem Montagnachmittag. Schon dieser Umstand verlieh der Veranstaltung den Charme einer fünfstündigen Bundestagsdebatte über den Entwurf eines Gesetzes zur Umsetzung der technischen Säule des vierten Eisenbahnpakets der Europäischen Union. Und zwar nachdem von den 65 anwesenden Abgeordneten im Laufe der Diskussion 58 den Plenarsaal verlassen haben.

Doch wer jetzt meint, dass ein zweifellos beschissener Termin den worst case der Partyplanung darstellt, der ist vermutlich auch der Meinung, dass Bratwurst, Nackensteaks und Buletten die einzig wahren Nahrungsmittel für eine Grillfete darstellen. Aber lasst euch gesagt sein, Freunde, heutzutage sieht das alles ganz anders aus. Die Partygäste sind komplizierter, neurotischer und hysterischer geworden. Zum Beispiel Anke, die wie von Sinnen unseren armen Rico anschrie: „Hast Du etwa dieses blutige Stück toten Tieres auf unseren Grill gelegt?" Rico, der sich der Tragweite seines Vergehens scheinbar nicht bewusst war, antwortete nur: „Ja, logisch, auf dem anderen war kein Platz mehr." Rene sprang seiner Frau verbal zur Seite und erklärte in einem affektierten Tonfall: „Das ist echt nicht in Ordnung, Rico, das hier ist nämlich der Grill für die Veganer und Vegetarier. Den hast Du jetzt voll kontaminiert." Heilpraktikerin Mandy mischte sich nun auch ein und erklärte: „Ob Fleisch, vegetarisch oder vegan, ich würde da ja gar nichts drauflegen. Das ist ein Holzkohle-Grill. HOLZKOHLE! Da weiß ja nun wirklich jedes Kind, dass das voll krebserregend ist." Rico amüsierte sich köstlich und schrie: „Aber nicht, wenn Du die Flammen mit Bier ablöschst.“ Und legte gleich nach: „Ey, Leute, ist Bier eigentlich vegan? Ich meine, die Hefekulturen, die leben doch auch.“

Es folgte ein Geschrei und Gezeter babylonischen Ausmaßes. Deshalb an dieser Stelle nur die knackigsten Aussagen und markantesten Thesen.

„Mir ist das egal, ich habe ne Hefe-Allergie und darf deshalb kein Bier.“

„Hefeallergie? Du meinst, Du bist trockener Alkoholiker.“

„Bei mir wurde eine Glutenunverträglichkeit festgestellt, also kein Kräuterbaguette für mich.“

„Wir haben Spinat-Avocado-Blumenkohl-Smoothies mitgebracht. Voll lecker und gesund.“

„Mit dem Zeug haben sie damals die Taliban gefoltert, ich schwöre!“

„Was machen Menschen mit Laktoseintoleranz eigentlich wenn sie Käsefüße haben?“

„Da gibt es bestimmt Globulis gegen.“

„Ich habe ja meine Ernährung komplett umgestellt!“

„Echt? Stehen die Nutella-Gläser jetzt in einem anderen Schrank?“

„Freunde, sind die Joints eigentlich Bio?“

„Nee, aber weißt Du warum die Bio-Bauern aussterben werden? Nee? Na, die dürfen doch nicht spritzen."

„Alter, kann über diesen Glyphosat-Skandal eigentlich auch Gras wachsen?"

„Keine Ahnung, ich bin Reichsbürger und lasse mich nicht impfen."

„Wichtig ist doch nur, dass der Säure-Basen-Haushalt ausgeglichen ist."

„Meine Oma ist über 100 Jahre alt und die hat ihr Leben lang geraucht und gesoffen."

„Gibt es diese Fischöl-Kapseln mit den Omega-3-Fettsäuren auch von Ratiopharm?"

„Freunde, die Milch riecht voll nach Bullensperma, ist die irgendwie schlecht?"

„Nein, Mann, das ist Hafer-Soja-Mandelmilch aus dem veganen Getränkemarkt."

„Vegan ist auch nur das neue Katholisch. Die heilige Dreifaltigkeit aus Ei-Ersatz, Analog-Käse und Tofu-Schnitzel gegen die sündenbeladene Fleischeslust."

„Okay, wer hat Bock auf ne schöne Thüringer Rostbratwurst?"

„Aber nur, wenn die Mandy die auf den Rost schmeißt."

„Na, wenn es der Volksgesundheit dient, gerne!"

„Top, die Fette grillt!“

Den kurzen Moment der Stille nutzte Rico zu einem eindringlichen Statement:

„Alter, könnt ihr mal uffhören mit euren ganzen Intoleranzen, Unverträglichkeiten und Allergien. Wir feiern hier ne amtliche Party und keinen beschissenen Heilpraktiker-Kongress. Schaut mich an! Ich habe damals Regenwürmer gegessen, im Kohlestaub gespielt und im Fluss hinter dem Chemiekombinat gebadet und was ist aus mir geworden?“

Susanne schob ihre Nerdbrille zurecht und antwortete:
„Ein arbeits- und verantwortungsloser Ossi?“

Rico lächelte kurz und erwiderte:
„Falsch, ein GESUNDER arbeitsloser- und verantwortungsloser Ossi!“

Jörg Schwedler

Ein seltsames Volk

Frag nicht, was dein Festival für dich tun kann, sondern was du für dein Festival tun kannst!

Es begab sich an einem milden Sommertag inmitten der 90er-Jahre. Die Wiedervereinigung steckte gerade in der Pubertät und wir versuchten, dort herauszukommen. Wir hatten von unserem Recht auf Reisen schon das eine oder andere Mal Gebrauch gemacht. Ein paar Leute hatten schon Festivalerfahrung in Dänemark oder Holland gesammelt, ein paar Leute hatten hinter der polnischen Grenze Sportsocken der Marke Adadis gekauft, als wir eine gewaltige Entdeckung machten. Irgendjemand hatte irgendwo, aber auf keinem Fall im Internet, einen Artikel über „kleine" Festivals gefunden. Wir suchten uns ein zeitlich und örtlich Naheliegendes aus. 2 Tage, 20 Bands, Eintritt frei und kurz hinter Hannover.
Also verteilten wir uns auf ein paar Autos und kauften vorher die damals klassischen Festivalzutaten ein: Büchsenbier – vermutlich Ratskrone, Ketchup, Toast, Cervelatwurst, Chesterkäse – vermutlich Aldi, Brauner und Vodka – vermutlich billig. Wir waren bereit für unser erstes Klein-Festival. Bereit für den Aufbau bilateraler Beziehungen mit dem Westen. Die Frage lautete allerdings: War dieses Festival auch bereit für uns?
Ich kann mich bis heute noch an so ziemlich jedes Detail erinnern, außer an den Namen, den Ort und an die Bands auf diesem Festival. Während der Hinfahrt, ich

wurde gerade das zweite Mal nüchtern, erwachte ich auf der Rückbank auf Grund eines seltsamen Geräuschs von... unter mir! Ich begann, unseren Fahrer anzuschreien, konnte mich aber nicht gegen Sepultura mit ChaosAD auf voller Lautstärke durchsetzen. An der Ampel schaute ich aus dem Fenster. Wir waren mitten in Hannover und wurden von allen Seiten angegafft. Entweder das Poster aus der Coupe in der Heckscheibe erfüllte seinen Zweck, wobei mir bis heute nicht ganz klar ist, welcher das gewesen war oder etwas anderes sorgte für Aufmerksamkeit. Wir fuhren an, es ruckelte und knackte und unser KFZ verlor seine komplette Auspuffanlage. Dieser neue Sound ließ Max Calavera nun augenblicklich erblassen. Wir nahmen den Auspuff zu mir auf die Rücksitzbank und röhrten durch die Stadt. Ganz Hannover schaute auf unser KFZ. Da wir ja sozusagen auch Botschafter aus Ostdeutschland waren, taten wir, als wenn NICHTS gewesen wäre und nickten zum Beat von Helmet. Hinter Hannover bogen wir auf einen Parkplatz und tackerten den Auspuff irgendwie notdürftig an das Gegenstück. Keine Ahnung, wie genau das funktionierte, aber ich bezeichne diese Art der Improvisation immer als positiven Effekt der Planwirtschaft. Gib einem alten Ossi ein Taschenmesser und einen Kaugummi und er baut daraus einen Herzschrittmacher für McGuyvers Mudder.

Schließlich kamen wir am Festivalgelände an, parkten an einer Landstraße und erkundeten die Lage. Ein sehr, sehr schönes Gelände. Zwei große Löcher, vermutlich Kreideabbau, klafften in der ansonsten flachen Natur. In dem einem Loch verbargen sich die Bühne und Zubehör, in dem anderen ein kleiner See. Das Gelände war noch nicht geöffnet und ein paar Rocker fungierten als Ordner. Wir gingen zu den Autos zurück und tran ken uns, getreu unserem Motto: „Frag nicht, was dein Festival für dich tun kann, sondern frag, was du für dein Festival tun kannst“ in Höchstgeschwindigkeit auf Arbeitstemperatur. Dann kam mir eine gute Idee. „Lass ma ne Sitzblockade machen“ sagte ich zu einem Mitfahrer, der ohne zu überlegen zustimmte.

Wir setzten uns vor unsere Autos, sodass der Verkehr auf die Gegenfahrbahn ausweichen musste. Nun passierte etwas Erstaunliches. Weitere Festivalbesucher sprachen uns an. „Was macht ihr denn da?“ - „Alter, wonach siehtsn aus? Sitzblockade!“ - „Hmhmmm, hmm, hmmm, wogegen denn?“

Da ich zu dieser Zeit nicht nur die PerryRhodan-Silberbände, sondern auch das Greenpeace-Magazin abonniert hatte, legte ich nach: „Walfang, Treibnetze, du weeßt schon, tote Delfine und so.“ - Das überzeugte sie. Sie nahmen Platz. Ein sehr streitbares Volk, diese Westdeutschen, etwas seltsam, aber streitbar.

Innerhalb kürzester Zeit war unser Grüppchen auf etwa 50 Leute angewachsen und es entstand daraus die wohl sinnloseste Sitzblockade der Welt. Wir hatten viel Spaß zusammen. Dann ein Donnern in der Ferne. Wir stellten uns hin, machten ganz unauffällig einen Schritt zurück zum Auto. Im Gegensatz zu den streitbaren, aber etwas seltsamen Westdeutschen, wussten wir ja bereits, wer die Ordner waren. Fünf Motorräder fuhren heran.

Der Verhandlungen des Rocker-Deeskalationsteams begrenzte sich auf: „Was hier los?“ und „Hmm, Abmarsch!“

Noch nie zuvor, und vor allem, nie wieder danach, erlebte ich eine so schnelle und friedliche Räumung. Was mich zur Frage bringt, ob es die Staatskasse nicht entlasten würde, wenn wir die Sicherheit von Demonstrationen und Fußballspielen grundsätzlich in die Hände von Rockern legen würden.

Auf dem Gelände verkaufte uns irgendein Hippie einen Haschkeks. Wir, Ossis, teilten den Keks solidarisch durch 12, verhafteten das Teil und merkten nichts. Hier konnte man viel über den negativen Effekt der Planwirtschaft lernen. Wir überlegten kurz, den Hippie zu verprügeln, erinnerten uns aber wieder an unsere pazifistische Grundeinstellung. Am späten Abend wurden die Ost-West-Beziehungen dann nochmal auf die Probe gestellt, denn als zwei von uns den Cliffhanger am Kreidefelsen probierten, waren die Niedersachsen in Sorge.

Die Leute riefen: „Kommt da runter, ihr verletzt Euch!“ und untermauerten ihre Sorge durch Steinwürfe auf die Kletterer.

Ein sehr fürsorgliches Volk, diese Westdeutschen, etwas seltsam, aber fürsorglich. Von oben sorgte derweil ein lautes „Ey, ihr habt uns annektiert, jetz kommt ooch mit uns klar!“ für einen eiskalten Wind im Einheitsvertrag.

Am nächsten Tag lockerte sich die Stimmung wieder, als zwei unserer Botschafter aus dem See-Kreideloch kletterten und in zehn Meter Höhe mit einem Autorcifen in der Hand „Ich bau dir ein Haus aus Schweinskopfsülze!" sangen, was die etwa 200 Badegäste in Jubel ausbrechen ließ. Wie stark nun inzwischen das Band der Wiedervereinigung geflochten war, merkte man dann am Abend. Dem Langen ging es nicht mehr so gut und er musste sich sehr stark übergeben. Dummerweise passierte dies genau vor der Bühne in der Menge. Dummerweise war unser Mann etwa zwei Meter groß und dummerweise drehte er sich dabei, was ihm später den Beinamen „der Leuchtturm vom Kreidefelsen" einbrachte. Wir schickten sofort eine Eingreiftruppe ins Krisengebiet, um ihn da rauszuholen. Wir erwarteten das schlimmste, aber anstatt unseren Mann zu verprügeln, fragten sie ihn, ob es ihm gut ginge und ob alles in Ordnung sei. Das war wahrliche Größe. Die Brennenden kümmerten sich um den Vulkan! Ein sehr leidensfähiges Volk, diese Westdeutschen, etwas seltsam, aber leidensfähig.

Also von unserer Seite ging das Ding mit „Wir sind ein Volk!" seitdem klar.

Dominik Bartels

Mein Vater, Christiano Ronaldo und die Anbauwand

Ich erinnere noch gut den Abend, an dem die Meldung über den Bildschirm flimmerte, dass Christiano Ronaldo für die Rekordablöse von 94 Mio. Euro Manchester United in Richtung Real Madrid verlassen würde. Wie bei allen Fußballgroßereignissen saßen auch an diesem 21. Spieltag der Bundesliga die männlichen Vertreter der Familie Bartels vor dem Fernseher, um fachmännisch und zuweilen zynisch über die Balltretkünste unserer Elitesoccer zu urteilen. Dieser eine Abend sollte allerdings als Zäsur in die Annalen unserer Sippe eingehen. Nie zuvor und auch nie wieder danach berichtete der ehemalige DDR-Liga-Fußballer Reinhold Bartels, also mein Vater, so offen und schonungslos über das Transfergebaren in der ehemaligen Arbeiter- und Bauernrepublik.

„94 Millionen Euro“, begann er seine Wutrede, „das sind fast 200 Millionen Mark oder … also … wenn man das mal vergleicht … dann ist das … von der Größenordnung her …“

„ … entspricht das fast dem Staatshaushalt von Afghanistan“, ergänzte mein Bruder, der in Lüneburg irgendetwas Unaussprechliches mit Wirtschaft studiert hat, jetzt aber einer ehrbaren Beschäftigung nachging.

„ … oder 58.750.000 Biere bei Toni!“ Was uns überraschte, war nicht etwa die Tatsache, dass mein Sohn trotz seiner schlechten Drei in Mathe diese Rechnung im Kopf ausübte, sondern vielmehr der Umstand, dass er erst 11 Jahre alt war.

Ich versuchte deshalb, das Gespräch wieder in die eher sporthistorische Richtung zu lenken.
„In der Süddeutschen Zeitung stand, dass Michel Platini diese Ablösesumme für größenwahnsinnig und absurd hält, während Sepp Blatter daran nichts Kritikwürdiges zu sehen vermag.“

„Ja und“, antwortete mein Vater und fuchtelte wild mit der Fernbedienung in der Luft herum, „der Platini, das war eben ein großartiger Fußballer, ein Weltstar, ein Virtuose am Ball und der Blatter ist dagegen … nun also … der ist halt … ein Schweizer! Die haben ohnehin ein etwas komisches Verhältnis zum Geld. Zu meiner aktiven Zeit in der DDR waren Vereinswechsel noch geprägt vom mittelalterlichen Tauschhandel. Da gab es keine Manager, Spielerberater oder Sportagenturen, die den Spielern erklärten, wie man sich die Schuhe zubindet. Ich musste ganz alleine verhandeln und das Beste rausschlagen. Und ich fing sehr bescheiden an, das kann ich euch flüstern. Als 18-jähriger habe ich meinen Wechsel zu Lok Stendal am Strand der Insel Usedom perfekt gemacht. Damals schickten wir die DDR-Liga-Mannschaft aus der Altmark mit einer Freizeittruppe auf Sand in den Staub. Der Betreuer fragte mich danach, ob ich nicht Lust hätte, in der DDR-Liga zu spielen. Neben einer Neubauwohnung und einer

Arbeitsstelle im Reichsbahnausbesserungswerk legten sie auch noch einige Gutscheine für Freifahrten mit der Eisenbahn obendrauf. Ein super Angebot. Wir haben das an Ort und Stelle per Handschlag besiegelt. Ich unterschrieb dann einen Arbeitsvertrag und wurde als Schlosser eingesetzt. Das hatte ich zwar nie gelernt, aber wir sollten ja auch Fußball spielen und nicht den ganzen Tag arbeiten. Einige Jahre später habe ich bei Stahl Hennigsdorf angeheuert. Natürlich legte ich, was den Marktwert betraf, einiges zu und deshalb gab es neben der obligatorischen Neubauwohnung noch eine Waschmaschine. Das war damals Luxus. Normalerweise wurde noch mit Kernseife und Reibebrett an den heimischen Bächen und Flussläufen gewaschen. Lasst es mich mal so formulieren: Mit einer Waschmaschine, da war man gewissermaßen privilegiert. Mein Arbeitsplatz war das Arbeiterwohnheim des Stahlwerkes von Hennigsdorf direkt neben dem Stadion. Da es bereits einen richtigen Hausmeister gab, wurde ich so etwas wie Hausmeister ehrenhalber. Wenn ich mich recht erinnere, habe ich während der ganzen Saison zwei Schlösser ausgewechselt und gelegentlich eine Glühbirne ersetzt. Von Stahl Hennigsdorf ging es Ende der 70er-Jahre in die Bezirksliga zur BSG Chemie Velten. Mit chemischen Produkten konnte ich nichts anfangen und eine Neubauwohnung hatten wir bereits, deshalb habe ich mir den Vereinswechsel einfach mal mit zweitausend Mark versüßen lassen. In der Vorbereitung auf die neue Saison schoss ich dort annähernd 40 Tore und am Ende verpassten wir den Aufstieg nur ganz knapp. In Velten spielten damals sogar ehemalige Oberligaspieler wie Wolfgang Strübing mit. Muss man sich mal vorstellen. Das war in etwa so, als hätte Lothar Matthäus seine Karriere beim SC Fürstenfeldbruck ausklingen lassen. Zu Beginn der 80er-Jahre bin ich von Karl Schäffner angesprochen worden. Der trainierte damals die BSG Stahl Brandenburg und galt als einer der erfolglosesten Vereinstrainer der Republik. Der Mann war mit seinen Mannschaften bis dahin entweder abgestiegen oder hatte es wenigstens geschafft, die Vorjahresplatzierungen zu verschlechtern. Als die Anfrage kam, habe ich sofort zugesagt. Wir zogen wieder in eine Neubauwohnung und ich wurde als Schlosser beim Stahlwerk Brandenburg beschäftigt. Die Berufserfahrung hatte ich schließlich bereits in Stendal gesammelt. Wir arbeiteten von Zeit zu Zeit auf dem Sportgelände - also eigentlich nur, wenn wir verloren haben. Bei den Verhandlungen erreichte ich, dass wir uns eine Couchgarnitur mit zwei Sesseln aussuchen durften. Zusammen mit der Waschmaschine stießen wir damit in die Oberschicht vor, die es in der DDR offiziell natürlich nicht gab. War eine schöne Zeit in Brandenburg. Trotzdem verließ ich den Verein und wechselte ein letztes Mal innerhalb der DDR-Liga. Die BSG Landbau Bad Langensalza lockte mich nach Thüringen und wir vervollständigten unseren Hausstand mit einer nagelneuen Anbauwand. Nach fast 10 Jahren DDR Liga-Fußball hatte ich es endlich geschafft. Ich hatte uns mit Mut, Flexibilität und knallhartem Verhandlungsgeschick eine Neubauwohnung mit kompletter Einrichtung besorgt. Von den ganzen Prämien, Sonderzuwendungen und Zulagen kaufte ich schließlich noch einen Trabant für 20.000 Mark auf dem Schwarzmarkt. Damit waren wir auf dem Zenit angekommen. Viel mehr konnte man als Zweitliga-Fußballer nicht erreichen."

Zufrieden blickte mein Vater in die Runde. Wir anderen schauten uns gegenseitig an und mussten laut lachen. „Mit einer Anbauwand waren wir also auf dem Zenit angekommen?", fragte mein Bruder noch einmal grinsend nach.

„Mit der Kohle aus dem Ronaldo-Transfer kannst Du wahrscheinlich eine x-beliebige deutsche Möbelhauskette aufkaufen. Du musst zugeben, dass der Zenit doch noch etwas weiter oben angesiedelt ist", legte ich nach.

„Da sieht man mal, dass ihr beiden Traumtänzer nichts vom Leben gelernt habt. Kein Wunder, dass es bei euch nur zur Bezirksliga gereicht hat. Das Ganze muss man nämlich einfach mathematisch betrachten", entrüstete sich unser Familienoberhaupt.

„Aber Opa, auch mathematisch betrachtet, dürften 94 Millionen Euro mehr sein als eine Anbauwand aus polnischem Tropenholz", erklärte mein Sohn und nickte siegessicher.

„Siehst Du, kleiner Mann, und deshalb hast Du auch nur eine Drei in Mathe. Hier kommt es nämlich nicht auf die absoluten Zahlen, sondern auf das Verhältnis zueinander an. Ronaldo wechselte mit 18 Jahren für 17,5 Millionen Euro zu Manchester United. Jetzt auf dem Höhepunkt seiner Karriere ist er 94 Millionen wert. Damit hat sich sein Marktwert um das 5,4-fache erhöht. Ist nicht schlecht, reicht aber niemals an meine Wertentwicklung heran. Als 18-jähriger Bursche wechselte ich für eine Neubauwohnung und ein paar Freifahrten der Deutschen Reichsbahn nach Stendal. Die Freifahrten hatten einen Wert von etwa 400 Mark. Auf dem Höhepunkt meiner Laufbahn gab es in Bad Langensalza neben der Neubauwohnung noch eine Anbauwand im Wert von 5.000 Mark dazu. Rein rechnerisch habe ich damit meinen Marktwert um das 12,5-fache gesteigert. Verstanden? Wenn ihr Ronaldos Transfersummen mit damals vergleichen wollt, dann könnt ihr wiederkommen, wenn ein Verein rund 220 Millionen Euro für ihn auf den Tisch blättert."

Jetzt sah uns der alte Flügelflitzer belustigt dabei zu, wie wir dicke Backen machten und nach einigermaßen schlagkräftigen Argumenten suchten, die seine abenteuerliche These widerlegen konnten. Uns fiel nicht sonderlich viel ein.

Natürlich konnte man keinen Vergleich zwischen dem Transfergeschäft in der heutigen, modernen Fußballgeschäftswelt und den einstigen „Arbeitsplatzwechseln" im BSG-Fußball der DDR anstellen. Aber zwei Schlüsse konnte man aus dieser Diskussion doch ziehen: 1. Eine Anbauwand mag nicht für jeden die Erfüllung aller Träume sein, aber sie ist auf jeden Fall realer als 94 Millionen Euro und 2. Mein Vater hat vielleicht nicht immer die richtigen Entscheidungen getroffen, aber er war ein verdammt guter Fußballer.

Dominik Bartels

Des Ossis neue Kleider

Das Interesse an Mode war in der DDR durchaus vorhanden. Es scheiterte jedoch nur allzu oft am Verkaufstresen des HO Geschäftes Junge Mode.

Ein Beispiel:
Mutter: „Ich suche nach einer Wisent-Jeans."
Verkäuferin: „Ham wa nicht!"
Zweites Beispiel:
Mutter: „Ich suche nach einer Wisent-Jeans."
Verkäuferin: „Welche Größe denn?"
Mutter hoffnungsvoll: „Für Jungen, die 164."
Verkäuferin: „Ham wa nicht!"

So oder so ähnlich lief es in den achtziger Jahren überall in der Deutschen Demokratischen Republik ab. Denn die Partei hatte klare Vorstellungen von einer DDR-Mode: "Der Sozialismus ermöglicht eine gute Kleidung für alle, ohne Standesprivilegien, ohne luxuriöse Überspitzungen, aber von geschultem Geschmack und mit Freude an Farbe und Form", hieß es schon im parteikonformen Lexikon von 1962.

Deshalb hieß es auch in Sachen Mode wie in vielen anderen Bereichen: Arbeiter und Bauern, helft euch selbst! Und so wurde genäht, gestrickt, gehäkelt und geklöppelt, was das Zeug hielt. Die Kreativität war dabei weniger das Problem, vielmehr fehlte es den Hobbydesignern oft am Material, um ihre spannenden und extravaganten Entwürfe umzusetzen. Meine Mutter hatte beispielsweise gute Beziehungen zum örtlichen Wollhandel und deshalb lief ich irgendwann in einem Bayern München-Trikot herum – aus Wolle! Sicherlich ein einzigartiges Stück Textilgeschichte. Draußen zum Fußballspielen war das Teil jedoch nicht geeignet, nach wenigen Minuten auf dem Bolzplatz juckte und brannte die Naturfaser auf der Haut und ich sah am Körper aus wie Jürgen Prochnow im Gesicht.

Trotzdem war ich mit meiner Stricktrikotage bei meinen Kumpels ganz weit vorn, wurde ich doch wegen des Tragens dieses Klassenfeind-Jerseys exakt acht Mal von verschiedenen Lehrern nach Hause geschickt, um mich umzuziehen. Bis heute ein Rekord, auf den ich … und auch meine Mutter sehr stolz sind.

Einige Jahre später, als die Republik schon auf ihr Ende zustolperte, waren es die ins Land geholten Vietnamesen, die uns DDR-Bürger mit geschickter Nadel und buntem Faden zu Netzhemden, Leggins und Schulterpolstern in den Blusen verhalfen. Alles so ein wenig Modern Talking-Style für Arme. Genauso wie die selbstgenähten Schweißbänder aus alten Handtüchern oder die Neonarmbänder, die wir aus transparenten Benzinschläuchen zusammenbastelten und mit abenteuerlichen Flüssigkeiten füllten. Hinzu kamen schrecklichste Dauerwellen bei den Mädchen und ziemlich fragwürdige Vokuhilas bei den Jungs. Um es deutlich zu sagen: Es war eine grausame Zeit! Besonders für die Augen!

Doch wenn Sie jetzt der Meinung sind, dass zu diesem Zeitpunkt der modische Tiefpunkt erreicht war, dann lassen sie sich eines sagen: unmittelbar nach der Grenzöffnung führten wir DDR-Bürger eine völlig neue Modewelle ein. Ich nannte sie früher wie heute den Lebenshilfe-LOOK. Ebenso wie die lieben, netten und völlig harmlosen geistig Behinderten von der Lebenshilfe kombinierten auch wir Zonis Farben miteinander, die in erster Linie nur eines waren – grell. Man kaufte damals nur nach einem Motto ein: Hauptsache bunt und, wenn möglich, irgendetwas mit Neonfarben.

Es schien, als würde der DDR-Bürger versuchen, mit nur einem einzigen bonbonfarbenen Outfit das ganze Grau, die ganze Einfallslosigkeit, den ganzen textilen Mangel der letzten 40 Jahre sozialistischer Mode abstreifen zu wollen. Heraus kamen Wesen, die aussahen wie eine Kreuzung aus einem Papagei und einer Packung Smarties.

Auch ich folgte diesem Modediktat in voller Konsequenz und kaufte mir vom Begrüßungsgeld schneeweiße Knöchelturnschuhe, eine Jogginghose mit neonpinkfarbenen Applikationen und ein knallrotes Pumper-T-Shirt von Uncle Sam, das an meinen schmächtigen Körper hing wie ein Regencape von Ottfried Fischer. Vom heutigen Standpunkt aus betrachtet, würde ich sagen, ich sah damals aus wie jemand, der bei der RTL-Serie „Familien im Brennpunkt" perspektiv- und reglos inmitten von Pizzakartons und Dosenbier auf der Couch rumhängt. Mit dem Unterschied, dass ich durchaus in der Lage war, drei zusammenhängende Sätze zu sprechen, die auch noch einen Sinn ergaben.

Problematisch war zudem, dass ich meinen Style einfach nur unglaublich funky und heiß fand. Und zwar so funky und heiß, dass ich mit dieser albernen Kostümierung sogar zur Schule ging. Da saß ich dann in einem Klassenzimmer zusammen mit Sandy, Constanze, Rene, Tino und all den anderen … und … fiel kein bisschen auf, weil meine Klassenkameraden für ihre 100 D-Mark Begrüßungsgeld natürlich auch tief in den Grabbeltischen von Woolworth, Karstadt und Horten fündig geworden waren. Wir hatten unsere verhasste Einheitskleidung abgelegt und uns stattdessen Outfits zugelegt, die so schrill und poppig waren, dass man uns Ossis gerüchteweise sogar auf Satellitenfotos aus dem All erkennen konnte. Jeder halbwegs modebewusste Insasse der sowjetischen Besatzungszone besaß zu jener Zeit mindestens drei verschiedene Ballonseideanzüge in den Farbkombinationen Lila/Grün/Pink/Gelb/Himmelblau/Signalrot.

Aber natürlich gab es auch DDR-Bürger, die sich dieser farbenfrohen Textilrevolution entzogen. Ich nannte sie gern: sozialistische Einheits- und Jeansfront. Atemberaubend hässliche Stonewashed-Jeansjacken waren ihr Markenzeichen. Diese kombinierten sie mit … natürlich Jeanshosen, gern auch in der sogenannten Karottenform. Hardcore-Vertreter zogen unter ihre Jeans-Jacke noch ein eher fragwürdiges Jeanshemd mit irgendwelchen Ringen, Verschlüssen und Ösen an. Hätte es

Jeansschuhe gegeben, wären diese Fanatiker auch damit rumgelaufen.

Zusammenfassend lässt sich jedoch eines feststellen: Ein gewisser Mangel in der Versorgung und beim Angebot fördern eindeutig die Kreativität und die Experimentierlust der Verbraucher. Jetzt, wo es immer und überall alles zu kaufen gibt, stürmen wir die KIKs, Takkos und H&Ms dieser Republik und sehen am Ende doch wieder irgendwie alle gleich aus. Heute diktiert kein Parteiapparat mehr, wie unsere Kleidung auszusehen hat, aktuell übernimmt das die Werbung und der Grundsatz: Geiz ist geil! Schaue ich mir die heutige Jugend in der Fußgängerzone an, kann ich in Klamottenfragen genauso wenig Individualität erkennen wie damals in der DDR. Da hilft auch kein Markenname, Freunde, die neue, trendige Bluse von Esprit sieht trotzdem aus wie ein Pionierhemd aus dem Arbeiter- und Bauernstaat.

Wartet nur ab, in ein paar Jahren ist man als stolzer Besitzer einer Dederon-Kittelschürze aus dem VEB Chemiefaserkombinat Wilhelm Pieck in Rudolstadt auch modisch wieder ganz vorne mit dabei!

Gemeinsamkeiten

Nun haben wir ein ganzes Buch über Ossis und Wessis geschrieben. Jetzt wird es mal Zeit, für die Gemeinsamkeiten. Und tatsächlich gibt es da etwas, was uns alle verbindet. Egal ob Ossis, Wessis, Nordis, Südis oder Orientierungslosis. Über alle Grenzen, Generationen und politischen Systeme hinweg. Es sind Sprüche von Eltern, die wir als Kinder gehasst haben und als Eltern trotzdem benutzen. Wir haben einen Tagesablauf aus diesen Sprüchen zusammengestellt. Wer sich als Kind oder Elternteil wiedererkennt, darf beim Lesen der folgenden Aufzählung an der entsprechenden Stelle gerne aufspringen und laut Halleluja rufen. Gerne auch in Bus und Bahn.

„Aufstehen!"

„Du musst die Zähne putzen, sonst kommen Karius und Baktus."

„Setz dich ordentlich hin!"

„Wie heißt das Zauberwort?"

„Nicht schmatzen!"

„Mach den Mund zu. Die Milchzähne werden sauer."

„Iss langsam!"

„Gucken tut man mit den Augen, nicht mit den Händen."

„Nicht den Kakao löffeln!"

„Stell dich nicht so an, die Anderen tragen auch Bommelmütze!“
„Den Schnodder doch nicht mit den Ärmeln abwischen!“
„Zieh die Handschuh an!“
„Das geht alles von deiner Zeit ab.“
„Zieh deine Hose hoch!“
„Guck wo du hinläufst!“
„Wer nicht hören will, muss fühlen.“
„Ein Indianer kennt keinen Schmerz.“
„Wenn du heiratest, ist alles wieder gut.“ *
„Wenn es juckt, dann heilt es.“
„Habt ihr zu Hause Säcke vor den Türen?“
„Sitz gerade!“
„Denke immer daran: Du lernst für Dich und nicht für die Anderen.“
„Ohne Fleiß kein Preis.“
„Was Hänschen nicht lernt, lernt Hans nimmermehr.“
„Die Wand steht auch von alleine.“
„Erst denken, dann reden!“
„Und wenn Ronny aus dem Fenster springt, springst du dann hinterher?“
„Wer nicht kommt zur rechten Zeit, der muss essen was übrig bleibt.“
„Was sagt man?“

„Davon bekommst du Läuse im Bauch."
„Da waren die Augen wohl wieder größer als der Magen."
„Wenn du nicht auf isst, regnet es morgen."
„Mach den Mund zu, es zieht."
„Nicht mit vollem Magen ins Wasser!"
„Du bist doch nicht aus Zucker."
„Steck dein Hemd rein, du verkühlst dir die Nieren!"
„Nimm die Füße hoch beim Gehen!"
„Guck nach voooorne!"
„Warte! Du hast da was im Gesicht." **
„Man zeigt nicht mit nacktem Finger auf angezogene Leute."
„Wenn du schielst, bleiben die Augen so stehen!"
„Was sollen denn die Leute denken?"
„Wenn es dunkel wird, bist du zuhause!"
„Geh aus dem Internet, ich muss telefonieren!" ***
„Hier sieht es aus, wie bei Hemples unter Sofa."
„Komm sofort da runter! Ich zähle bis drei. Einssssss, zweiiiiiii..."
„So heiratet dich niemand!"
„Ich bin immer noch deine Mutter!"
„Wenn Papa nach Hause kommt, kannst du was erleben!"
„So lange du deine Beine unter meinem Tisch ..."

„Gleich klatschts, aber keinen Beifall."
„Damit du groß und stark wirst.
„Nun probier doch erst mal!"
„Ja, das kann man mitessen."
„Die Zwiebeln sind so klein geschnitten, die schmeckst du überhaupt nicht."
„Die Kinder in Afrika wären froh über so eine Suppe."
„Dann gehst du halt ohne Abendbrot ins Bett."
„Die Tür kann nichts dafür."
„Wenn du nicht brav bist, tauschen wir dich um."
„Du hast schon ganz viereckige Augen."
„Danach geht's ins Bett ohne Murren und Knurren."
„Nicht unter der Decke Lesen! Du verdirbst die die Augen."
„Hände auf die Bettdecke!" ****
„Wenn du groß bist und selbst Kinder hast, kannst du das alles anders machen."

* dreiste Lüge

** nur in Verbindung mit einem rubbelnden, spuckefeuchten Finger

*** Dieser Spruch wurde inzwischen beigesetzt. Zwischen dem kleinen Kieselstein an der Fensterscheibe und der Wählscheibe am Telefon.

**** meist für Jungs

Dominik Bartels / Jörg Schwedler

Der ultimative Ossi-Rap

WHOOP WHOOP
its the Sound of DDR

WHOOP WHOOP
Hammer und Zirkel in the Ähr

WHOOP WHOOP
Arbeiter und Bauern nackt im Meer

WHOOP WHOOP
dieses Land war legendär

Hebt eure Hände werte Genossen
Für diesen Track wurden Tränen vergossen
Hinterm Stacheldraht blühte nur die Phantasie
Das hier ist HipHop Made in East Germany

Ja, wir sind Zonis und komm'n aus'm Osten
Klamotten am Strand - fanden wir zum Kotzen
Wir brauchten Jahrzehnte für den Trabbi-Kauf
dafür hielt uns dann weder Ochs noch Esel auf

Pfeffi, Goldbrand und Wurzelpeter
Kippten wir in die Kehlen und die Katheder
Wir brannten Schnaps aus Rüben und Stroh
Beim Saufen, da war'n wir auf Weltniveau

WHOOP WHOOP
its the Sound of DDR

WHOOP WHOOP
Hammer und Zirkel in the Ähr

WHOOP WHOOP
Arbeiter und Bauern nackt im Meer

WHOOP WHOOP
dieses Land war legendär

Ihr brüllt: „Weltmeister im Fußball und
Müller war ein Krasser“
Doch ´74 siegten wir
durch Magdeburgs Sparwasser?
Wir holten die Medaillen
in Serie und am Fließband
Weil hinter jedem Sportler
ein Stasi-Offizier stand

Eure Kinder sitzen vorm PC
mit Headset und Neurosen
Wir lungerten nur draußen rum
mit Löchern in den Hosen
Die Sportstunde war nix
für Turnbeutelvergesser
unser Motto lautete:
mach‘s mit, mach‘s nach, mach‘s besser

Bei IKEA gibt´s Regale, Vitrine und Schrank
Unser Lebenstraum hieß: **ANBAUWAND**
Ihr hattet Jacobs-Kaffee und am Manta einen Spoiler
Wir soffen Muckefuck und bremsten auch für Broiler

WHOOP WHOOP
its the Sound of DDR

WHOOP WHOOP
Hammer und Zirkel in the Ähr

WHOOP WHOOP
Arbeiter und Bauern nackt im Meer

WHOOP WHOOP
dieses Land war legendär

Ihr hattet Reisefreiheit,
fuhrt in viele fremde Städte
Doch als erster Deutscher
war Sigmund Jähn in der Rakete
Und hatten wir kein Geld,
waren pleite und frustriert
Fragten wir bei alten Leuten
nach Gläsern und Papier

Bezahlt haben wir mit Aluchips
oder auch Kaninchen
Unsre Helden hießen Pittiplatsch
und Schnatterinchen
Mit einer Simson war man cool
ein echter Easy Rider
Die Partei hat immer recht
- okay, das glaubte keiner

Im Urlaub schleppten wir weder Koffer noch Taschen
Die Republik machte FKK, keiner musste waschen
Unsere Frauen waren klug und hatten wenig an
Am Strand lag man auf'm Bauch – vor allem als Mann

WHOOP WHOOP
its the Sound of DDR

WHOOP WHOOP
Hammer und Zirkel in the Ähr

WHOOP WHOOP
Arbeiter und Bauern nackt im Meer

WHOOP WHOOP
dieses Land war legendär

Die wichtigste Mission
aller Arbeiter und Bauern
Als Soldat der Volksarmee
den Wessis aufzulauern
die Sowjetunion
das war unser bester Friend
doch vor dem dicken Kohl
sind sie einfach weggerennt

Und gab´s keine Ware
in den Einkaufsparadiesen
Glänzten an der Frischetheke
–zumindest die Fliesen.
Abends alle Reste
als Soljanka auf dem Tisch
Ja nu. Watt soll man sagen
– Wir hatten ja nüscht!

Ihr nennt es Mangel
in der Produktion
Für uns die Geburtsstunde
der Improvisation
Gebt uns ne Schraube,
nen Gummi und ne Butter
Wir bauen daraus ein Hörgerät
für McGyvers Mutter

WHOOP WHOOP
its the Sound of DDR

WHOOP WHOOP
Hammer und Zirkel in the Ähr

WHOOP WHOOP
Arbeiter und Bauern nackt im Meer

WHOOP WHOOP
dieses Land war legendär

Im Blaulicht-Verlag erschienen:

Viele Grüße aus dem schönsten Land der Welt
Geschichten und Gedichte zur Lage der Nation

ISBN 978-3-941552-22-7

Deutschland - keine andere Nation auf dieser Welt vereint derart viele Vorurteile und Stereotypen auf sich wie der Landstrich zwischen Usedom und Freiburg. Besucher werden vor Reiseantritt durch kundige Fremdenführer vorbereitet:

„Lächeln Sie nicht zu viel in Deutschland. Deutsche brauchen einen Grund zum Lächeln, sind von Grund auf pessimistisch und genießen das. Wer zu viel lächelt, ist verdächtig oder verrückt."
(Amerikanischer Reiseführer)

„Außerdem sollte man in Deutschland nie in der Öffentlichkeit flüstern. Das macht die Deutschen misstrauisch."
(Chinesischer Reiseführer)

Namhafte Vertreter der Poetry Slam- und Lesebühnenszene nehmen in dieser Anthologie die landestypischen Befindlichkeiten auf´s Korn und senden viele Grüße ... aus dem schönsten Land der Welt.

Im Blaulicht-Verlag erschienen:

Vorwärts immer – Rückwärts nimmer!
Die blaue Edition

ISBN 978-3-941552-40-1

Es gibt aber sehr wohl Zeitgenossen, die nichts und niemanden vergessen und auch nicht vergeben, womöglich. Jene sind für dieses Buch hier systematisch aufgespürt worden. Ihne [illegible] le nachgestellt, zu Lande, zu Wasser und sogar zur Luft. Ja, es handelt sich bei ihnen um die besten, das muss man auch einmal sagen dürfen, das muss diese Demokratie einfach aushalten, Schriftsteller der Welt, jedenfalls die besten Schriftsteller, die eben jene DDR noch am eigenen Leibe haben erfahren dürfen. Diese ganze Unterdrückung, den ständigen Kampf ums Überleben, das deprimierende, das entsetzlich deprimierende Grau in Grau, monatelanges Anstehen nach Autoersatzteilen, nach Margarineersatz, nach Badehosen (weshalb viele aus lauter Verzweiflung nackig ins Wasser sprangen, so war das nämlich mit dem FKK!), jeden Abend besoffen ins Bett, jeden Morgen uniformiert in die Kinderkrippe, wo vergewaltigende Volkserzieherinnen grimmig grinsend schon mit ihren metallenen Töpfchen warteten und wenn man da nicht reinpullern konnte, weil man verbotenerweise schon zu Hause gemacht hatte, setzte es Dresche und nicht zu knapp. Das wird ja heute von Guido Knopp und Konsorten vollkommen verharmlost.